AF522886

Eidechsen

Ein Portrait
von
Joachim Sartorius

NATURKUNDEN

NATURKUNDEN № 55

herausgegeben von Judith Schalansky
bei Matthes & Seitz Berlin

Inhalt

Portraits

Prolog
Wohlige Schauer

Meine Kindheit in Tunesien war eine Eidechsenkindheit. In den Ritzen der Steinmauern, die die Terrassen des zur Uferstraße abfallenden Gartens säumten, wohnten mehrere Eidechsenfamilien, und im Haus huschten, wenn in der Dämmerung die Lichter angemacht wurden, Geckos über die Wände, bis sie schließlich reglos am Rande eines Lichtkegels verharrten. »Sei lieb zu den Geckos«, sagte mein Vater, »sie fressen die Mücken und Fliegen, die nachts so lästig werden können.« Nach und nach lernte ich die Geckos kennen und auseinanderzuhalten, die dicklicheren gefräßigen Eltern von ihrem Nachwuchs, kleiner, nervöser und behänder. Doch die Eidechsen im Garten waren um ein vieles zierlicher und eleganter, auch viel scheuer. Beim leisesten Knirschen des Kieses unter meiner Sandale flitzten sie in einen Mauerspalt oder unter einen Stein. Schnell wie der Blitz. Für mich waren sie die wachsamsten Tiere der Welt, gerade auch im Vergleich mit den nervös flatternden, stets neugierigen Vögeln und dem tapsigen Hund des Gärtners. Stundenlang konnte ich damals die Eidechsen beobachten, wie sie sich sonnten, was sie fraßen, wie sie sich rauften. Und doch blieben sie für mich ein Bündel bestürzender Rätsel.

Dieses Mosaik aus weißen und schwarzen Kieselsteinen entwarf Jean Cocteau für sein Museum in Menton.

Auf Ausflügen, die meine Eltern an den Wochenenden zu den Ruinenfeldern von Karthago, Dougga oder Sbeitla unternahmen, suchte ich nach Eidechsen. Einmal, an der Biegung eines Pfads in der punischen Nekropole, sehe ich plötzlich auf einem Säulenstumpf eine große, grüne Eidechse mit gelben und braunen Tupfen auf ihrem Rücken. Hinter ihr, im feinen Sand des Weges, nehme ich die Spur ihres Schwanzes und ihrer Tatzen wahr. Ich habe sie überrascht. Ich sehe, wie sie die Sonne durch sich rinnen lässt. Reglos sitzt sie da. Auch ich bin verblüfft, erschreckt, betrachte die Eidechse, ihre besonderen Merkmale, die Augen mit dem schwarzen Schlitz der Pupille, das Grau des Gesichts, das in das Grün des Rückens übergeht, ihr heftig pochendes Herz. Auch mein Herz pocht. Das Wunderbare, das kaum noch zu finden ist, ist es hier vor meinen Augen? Was ist das überhaupt: eine Eidechse? Und warum diese Eidechse, hier und jetzt, und nicht die Lerche im Himmel oder der Hirschkäfer unter dem alten Stein? Je länger ich die Eidechse betrachte, umso mehr verliere ich mein Zeitgefühl und versinke in eine Art von Echsentum, fühle die große Hitze auf meinem Nacken, den Schweiß in den Poren, ledrige Augenlider, ein staubiges Flimmern um mich herum. Die Eidechse ist unvermittelte Gegenwart, sie wird für mich in ihrem gebannten, angespannten Hiersein das heftig klopfende Herz der Erde. Mag sein, dass ich – im Abstand von so vielen Jahren – in diese Szene etwas hineingeheimnisse, was ich damals nicht so empfand, bewusst sicherlich nicht, doch vielleicht intuitiv und instinktiv. Damals dachte ich, als die Eidechse nach dieser endlos langen Minute des gegenseitigen Anstarrens von dem Säulenstumpf hüpfte und im gelben Gras verschwand, dass ich nun allein zurechtkommen müsse.

Hier prahlt eine Eidechse mit der perfekten Spirale ihres Schwanzes. Aus Conrad Gessners Thierbuch.

Auch später, wann immer ich mich am Mittelmeer aufhielt, an der südtürkischen Küste, in Kroatien, auf Zypern, in Alexandria oder den griechischen Ruinenstädten Siziliens, Agrigent und Selinunt, waren immer Eidechsen zugegen, meist Mauereidechsen, an der istrischen Küste auch die farblich betörenden Smaragdeidechsen mit ihrem grasgrünen Rücken. Nach und nach wurde die Eidechse für mich eine Chiffre für den Süden, immer im Verbund mit Licht und sonnenheißem Stein. Zwänge man mich, das Wesen des Mittelmeeres mit drei, vier Wörtern zu umreißen, dann wären diese Wörter: Olivenbaum, Weinstock und Eidechse. Erst dann kämen Pinie und Oleander, der Karst, die Orangen- und Zitronenhaine. Dass die Eidechsen für mich emblematische Geschöpfe des Lichts und des Südens wurden, hat einen handfesten physiologischen Hintergrund, von dem ich damals als Kind noch gar nichts wissen konnte. Denn das Blut dieser Reptilien ist kalt, sie können Körperwärme nicht selbst erzeugen wie die Säugetiere, sondern müssen sie aus ihrer Umgebung aufnehmen. Daher spielt die Sonne im Leben der ›wechselwarmen‹ Eidechsen eine überragende Rolle. Sie sind in den südlichen, vor allem in den tropischen und subtropischen Gefilden zu Hause. Einige wenige Arten sind gegen Kälte widerstandsfähig, doch in der Arktis, in Grönland, auf den Polen würden wir vergeblich nach ihnen suchen.

Die Eidechsen damals in Tunis faszinierten mich. Sie faszinieren mich noch heute. Es wird gesagt, und es stimmt wohl auch, dass die Menschen ein größeres Interesse an Katzen, Hunden, Pferden, auch an Vögeln, überhaupt an Säugetieren haben als an Amphibien und Echsen. Viele lässt allein die Vorstellung, Eidechsen anzufassen, ihre trockene, geschuppte Haut zu berühren, schaudern. Sie werden mit Schlangen, Kröten, Würmern gleichgesetzt, Kriechtieren, die das Mittelalter zu den ›verachteten Tieren‹ zählte, zu Bewohnern einer unheimlichen Unterwelt, die in der Arche Noah angeblich keinen Platz fanden. Bei mir hat die Anziehung überwogen. Der Schauder, der vom Kreuzbein hoch in den Nacken lief, war, wenn er sich bei mir überhaupt einstellte, ein wohliger. Die Anziehung, die ich auch heute noch spüre, rührt von der eigentümlichen Eleganz und mitunter prachtvollen Schönheit dieser Tiere her. Sie verkörpern die ungeheure Fantasie, die die ganze Schöpfung prägt. Wir müssen uns nur die äußerst variationsreiche Färbung ihres Schuppenkleides vorstellen, an den hohen zackigen Rückenkamm eines Federbuschbasilisks denken oder an die kugelförmigen, unabhängig voneinander rotierenden Augen eines Chamäleons. Wir werden vom Hauch einer uralten Welt gestreift. Vor etwa 300 Millionen Jahren gab es bereits Reptilien und rund 150 Millionen Jahre lang waren sie die Könige des Tierreichs. Wer muss nicht, wenn er heute einen Leguan oder einen Waran betrachtet, an riesige Saurier denken, die damals durch die üppigen subtropischen Wälder stapften oder hüpften oder auf 15 Meter breiten Schwingen durch die Lüfte segelten. Unsere heimischen Zauneidechsen sind Winzlinge dagegen, Miniaturausgaben dieser ›Donnerechsen‹, und doch fühlen wir, dass auch sie von weither kommen, aus Urzeiten, und dass sie auf diesem langen Weg zu uns immer wieder unsere Vorstellungskraft anregten, so sehr, dass sie ihren Platz in der Heraldik, der Mythologie, der Alchemie, der bildenden Kunst und der Literatur gefunden haben. Vielleicht schreibe ich dieses Buch, um von der herrlichen Vielfalt der Eidechsen zu erzählen als Naturwesen und als symbolische Geschöpfe, in der Hoffnung, es meinen Lesern fortan unmöglich zu machen, sie als undurchdringlich fremde Wesen zu betrachten.

Eine deutsche Fantasie des Südens: Mauereidechsen nehmen in griechischer Tempellandschaft ein Sonnenbad. Wilhelm Kuhnert für Brehms Tierleben, *1890.*

Ein Panoptikum kleiner, zarter Ungeheuer, wie es Ernst Haeckel in seinem Kunstformen der Natur *von 1904 imaginierte.*

Long, long ago

Von großen und kleinen Drachen, von Lindwürmern und Brückenechsen

Jede Eidechse trägt in sich eine unendlich lange Geschichte. Beim Nilwaran zum Beispiel deutet der Blick, der aus dem ledernen Faltenkreis des Gesichts hervorbricht, auf Uraltes, Vorzeitiges hin. Doch steht der Eidechse etwas weitaus Größeres und Mächtigeres zur Seite. Sie hat einen Verwandten, den Drachen. Der Drachen ist ein mythisches Wesen, ein Lindwurm aus der Sage, ein Vogel Greif mit vier Tatzen aus dem Märchen, nah und fern, möglich und unwahrscheinlich, wirklich und fantastisch. Über den Drachen erzählt man sich in allen Erdteilen alle erdenklichen Geschichten und niemand glaubt so recht, dass er je existierte. Dennoch: Im Mittelalter zeigte er sich plötzlich als das Fremde, das Andere, in dem das Fabelhafte mit dem Schrecklichen, dem schreckenerregenden Omen, verschmilzt, er zeigte sich plötzlich in Bildern und Landschaften und Höhlen, tauchte auf aus tiefen Gewässern und verschwand wieder, nicht ohne einen erschütternden Eindruck zu hinterlassen.

Dann vor hundert Jahren eine weitere Erschütterung. Die Welt stand wieder einmal Kopf. Genauer gesagt suchten Fieberstöße die Köpfe der Reptilienforscher heim, die allen Ernstes meinten, sie könnten lebende Brontosaurier in abgelegenen

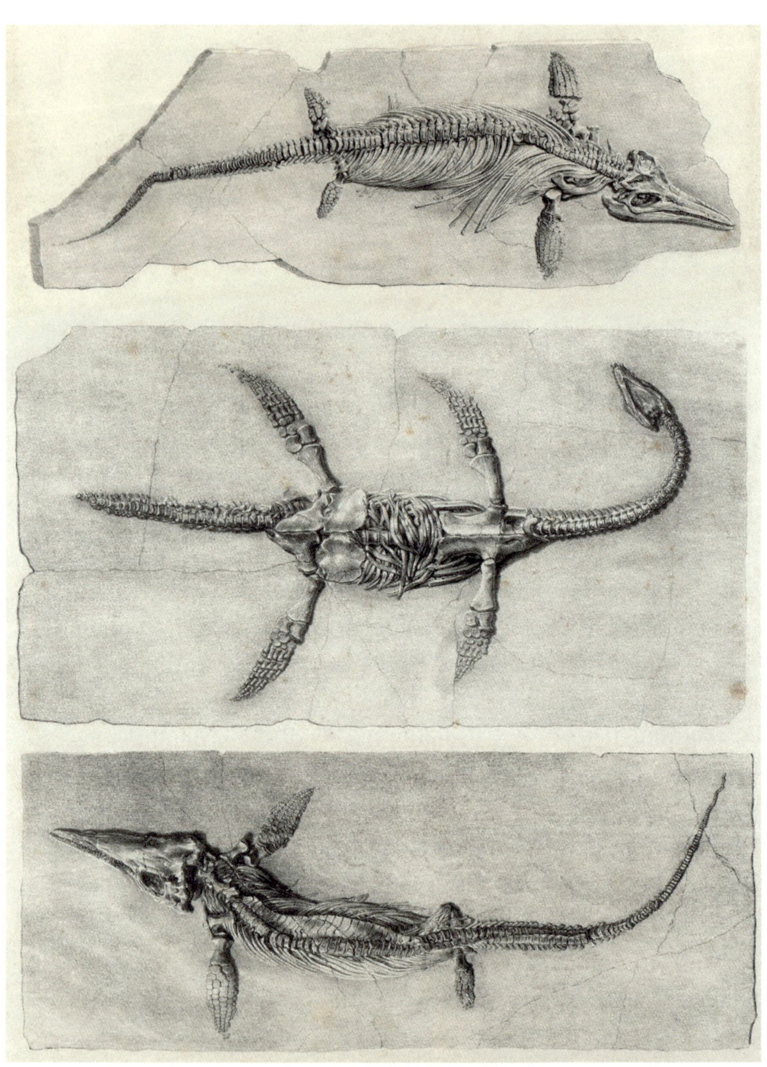

Biblische Meerdrachen oder ausgestorbene Fischsaurier? Skelette aus Thomas Hawinks' berühmtem Buch The Book of the Great Sea-Dragons, Ichthyosauri and Plesiosauri, *1840.*

afrikanischen Regionen finden. Wie war es dazu gekommen? Eine neue Wissenschaft, Paläontologie genannt, hatte um 1800 die Saurier entdeckt und mit dem Fund von imposanten Skeletten und enormen Knochenteilen vor dem Auge des Betrachters eine vorsintflutliche Welt mit riesigen Ungeheuern entstehen lassen. Im Jahre 1840 veröffentlichte dann in London der bekannte Fossiliensammler Thomas Hawkins *Das Buch der großen Seedrachen, Ichthyosaurus und Plesiosaurus*. Dieses Werk, das die biblischen Meerdrachen mit dem Ichthyosaurus und dem Plesiosaurus gleichsetzte, machte Furore. Wenn die Saurier so lange überlebt hatten, um als Drachen Eingang in unzählige mythische Erzählungen zu finden, dann könnten sie doch – so folgerten einige Adepten Hawkins' – auch in der Gegenwart noch existieren. So wurde die Suche nach rezenten Riesenechsen im späten 19. und frühen 20. Jahrhundert ein völlig verrücktes, weil ernsthaft betriebenes Geschäft. Arthur Conan Doyles Bestseller *The Lost World* von 1912 über ein geheimnisvolles, von Urtieren bewohntes Dschungelgebiet in Südamerika mag diese Fantasien noch beflügelt haben. Die spätere Verfilmung dieses ersten Science-Fiction-Romans (1925) – mit äußerst suggestiven Szenen von Zweikämpfen zwischen Dinosauriern auf einem hohen, der Zeit und damit auch der Evolution entzogenen Felsplateau – tat ein Übriges, um das Echsenfieber weiter anzufachen. Es passte zu dieser Zirkusatmosphäre und den dramatischen Dinokämpfen im Kino, die einem die Haare zu Berge stehen ließen, dass Carl Hagenbeck in Rhodesien mit viel Geld nach einem gewaltigen Tier suchen ließ, das seine Gewährsleute als »halb Elefant, halb Drachen« schilderten.

Treffen sich vier Drachen … – Eine Illustration aus Marco Polos Il Milione, *13. Jahrhundert.*

Heute halten die modernen Naturwissenschaften die Drachen, die nur als Mythen und Legenden existierten und doch bis heute eine ungeheure Strahlkraft besitzen, die Dinosaurier und schließlich die heute lebenden Echsen säuberlich auseinander. In früheren Zeiten gab es allerdings faszinierende Vermischungen. So trug die Paläontologie, als sie ihre aus den Fossilien gewonnenen Erkenntnisse auftischte, zunächst dazu bei, den Drachenglauben zu festigen und in die Moderne zu übertragen. Es mag auch so gewesen sein, dass sich diese neue Wissenschaft in ihren Anfängen nicht ganz von den Drachen des Mittelalters hatte befreien können. Das galt zumal für das äußere Erscheinungsbild. Es gab ja von Sauriern keine ganzen Skelette, keine direkte Anschauung, keine ›Bilder‹, nur Knochen und Zähne und, sehr selten, den Abdruck einer Pranke.

Von ihnen ausgehend rekonstruierten die Paläontologen mit immer raffinierteren Methoden den Leib, Hals und Kopf dieser Urtiere, die den Drachen des Mittelalters durchaus ähnlich sehen konnten, und heute ist nicht nur der ›Dino‹, sondern auch der geflügelte, Feuer speiende Drache allgegenwärtig, nicht nur in Märchen und Sagen, auch in der Werbung und in der Fantasy-Kultur. Aus der Jahrtausende langen Entwicklung des Drachenmythos hat sich ein beinah weltweit bekanntes Fabelwesen entwickelt, mit magischer Ausstrahlung und hohem Wiedererkennungswert.

Wenn wir heute einem Mauergecko in Ägypten oder einem Leguan auf Madagaskar begegnen, so schwingt in unserer Wahrnehmung immer all das mit, was wir von Kindheit an über Drachen wissen und erfahren haben. Aber: Was ist ein ›Drache‹ eigentlich? Im Lateinischen *draco*, im Altgriechischen *drákón* genannt, ist »der starr Blickende« vom Erscheinungsbild her eindeutig eine Echse. Er trägt ein Schuppenkleid, hat zwei Vorder- und zwei meist stärker entwickelte Hinterbeine und einen langen Schwanz. Was ihn zum Fabelwesen macht und von den real existierenden Eidechsen unterscheidet, sind neben seiner oft bedrohlichen Größe die Flügel, die aus seinem Rücken wachsen und die viele bildende Künstler zu irisierenden Farbspielen animiert haben. Ein wundersames und prächtiges Beispiel gibt uns Paolo Uccello in seinem Bild *Der heilige Georg im Kampf mit dem Drachen* von 1470. Die Flügel des giftgrünen, massiv bekrallten Ungeheuers zeigen in je drei Feldern Kokarden aus grün-weißen und grün-roten Kreisen, farblich aufs Feinste abgestimmt mit den Kampffarben des Ritters, dem Rot und dem Weiß. Glücklicherweise rettet er die zarte Prinzessin, die dem Drachen zum Mahl serviert werden soll. Es ist eine von Abertausend Darstellungen des Heiligen Georg, der unermüdlich seine blinkende Lanze in den röchelnden Schlund des Ungetüms rammt. Doch weist Uccellos Drachen Besonderheiten auf: Er hat – wie bei uns häufig der Lindwurm in den alten germanischen Sagen – nur zwei, allerdings sehr kräftige Beine und er speit kein Feuer, was sonst die Drachen nicht nur im europäischen, sondern auch im arabischen und im ostasiatischen Kulturkreis liebend gerne und in schöner Regelmäßigkeit tun.

Während der Drache in Asien überwiegend positive Eigenschaften aufweist – als Regenbringer und als Fruchtbarkeitssymbol – gilt der Drache bei uns eher als Sinnbild des Chaos, als Monster, das von einem Helden oder einer Gottheit im Kampf überwunden und getötet werden muss. Hiervon färbte einiges auf die realen Eidechsen ab. Im Mittelalter waren sie des Teufels. Allein schon wegen ihres kriechenden, um nicht zu sagen: kriecherischen Ganges wurden sie mit Schlangen und Kröten in einen Topf geworfen und in die Unterwelt abgeschoben. Einige ältere Autoren wurden nicht müde, darauf zu verweisen, dass es in der Arche Noah Platz für alle Tiere, nur nicht für die Echsen gegeben hatte. Das lässt sich nicht mehr verifizieren und ist wahrscheinlich erstunken und erlogen. Jedenfalls stand für diese Autoren die große Sintflut am Anfang unserer Welt. Gab es damals schon Eidechsen, Molche und Lurche? Herrschten da nicht vielmehr die Dinosaurier? Das ist nicht nachzuprüfen. Es ist nur immer wieder sehr erstaunlich, dass im Unterbewussten der Menschen die doch eher possier-

Der Hl. Georg rettet die schöne, blasse Königstochter vor dem Ungeheuer: Paolo Uccello schenkt uns ein herrliches Märchenbild, um 1470.

lichen Eidechsen ins Riesenhafte, zu Lindwürmern oder Drachen, angewachsen sind, obwohl ›die wirklichen Drachen‹, die Dinosaurier, in die Epoche des Jura gehören, in der es keinen, auch nicht den primitivsten Menschen gab.

In unseren Naturkundemuseen beeindrucken uns ihre alles Menschenmaß sprengenden Skelette. Die sogenannte Paläo-Art hat diese Skelette ausstaffiert und unsere Fantasie ungemein angestachelt. Plötzlich waren es nicht mehr antike Sphinxen und monströse Hydren, sondern spektakuläre, schimmernde Monster, die sich in glühenden gelben und wuchernden grünen Landschaften in meist dramatischen Szenen bewegten. Es kamen weitere Reize hinzu, Filme wie *Jurassic Parc,* Comic-Hefte und Animationsfilme. Heute nehmen die Dinos in unserer Vorstellungswelt den Platz ein, den die Drachen im Mittelalter in den Einbildungen der Menschen besetzten. Zu Recht schrieb W. J. T. Mitchell, ein bekannter Kunsthistoriker an der University of Chicago, in seinem *The Last Dinosaur Book:*

> *Der Dinosaurier lässt sich am besten als das Totemtier der modernen Kultur verstehen, eine Kreatur, die Wissenschaft mit Massenkultur verbindet, empirisches Wissen mit kollektiver Fantasie, rationale Methoden mit rituellen Praktiken.*

Aber: Sind denn wirklich alle Verbindungslinien zwischen der Zeit der Saurier und dem Heute gekappt? Diese Frage hat mich einige Zeit sehr beschäftigt. Denn, so sagte ich mir, können es doch nicht nur Drachen, Lindwürmer und andere Fabelwesen sein, die in dieser langen, langen Zeit in der Vorstellungswelt der Menschen überlebt haben. Im Aquarium des Berliner Zoos gibt es im ersten Stock, am Anfang des Rundgangs durch die Welt der Echsen, ein großes Terrarium, in dem man auch nach geduldigem, stundenlangem Warten kein Lebewesen erblickt. An der Wand neben der großen Glasscheibe können wir auf einer Erklärungstafel lesen: »Brückenechse / Sphenodon punctatus«. Offenbar ein scheues und extrem seltenes Tier, das heute auf unzugänglichen Inseln vor der Küste Neuseelands lebt und dem Jahrmillionen auf den Schuppen lasten. Etwas marktschreierisch lesen wir auf der Tafel: »TUATARA ÄLTER ALS DIE DINOSAURIER«. Darunter wird erklärt, dass die Brückenechsen, die in der Maori-Sprache Tuatara heißen, sich vor etwa 220 Millionen Jahren entwickelt hätten, »also lange vor dem

Dante und Vergil gleich zweimal in der Hölle. In der Szene links sprechen sie zu drei Seelen, die von Echsen und Schlangen gepeinigt werden (25. Gesang aus Dantes Göttliche Komödie. *Buchillustration aus dem 15. Jahrhundert).*

Erscheinen der ersten Dinosaurier«. In Alfred Brehms Buch über die Kriechtiere hat die Brückenechse ein eigenes Kapitel. Es heißt dort: »Das früheste Kriechtier, das wir kennen, die Urbrückenechse [...] ist der allernächste Verwandte des lebenden Tieres, das also als ein Überbleibsel des ältesten Kriechtierstammes aufgefasst werden muss, der einzige überlebende Rest einer längst verschwundenen Welt, ehrwürdig durch eine Ahnenreihe, wie sie kein zweites Wirbeltier der Erde aufzuweisen hat.« Brehm verweist auf den britischen Seefahrer James Cook, eine der großen Gestalten der Entdeckungsgeschichte, der die Brückenechse als Erster erwähnt haben soll: »Sie wohnen in Löchern unter der Erde, und man tötet sie dadurch, dass man vor dem Eingange ihrer Höhle ein Feuer anzündet.«

Der für seine Illustrationen prähistorischen Lebens berühmte Zeichner Zdeněk Burian konnte ausgestorbene Tiere zum Leben erwecken.

›Tuatara‹ bedeutet auf Maori so viel wie ›Stachelträger‹ und verweist auf den Rückenkamm dieser Echsen, die – so weiter auf der Erklärungstafel im Aquarium – den Tag meist versteckt in Höhlen zubringen, in Wohngemeinschaft mit Sturmtauchern und Sturmschwalben. Die Echsen würden vom reichhaltigen Angebot an Nisthöhlen profitieren, heißt es, zudem bilde der Kot der Meeresvögel die Lebensgrundlage für jede Menge Kerbtiere und Insekten, die auf dem Speiseplan der Brückenechsen ganz oben stehen. Noch etwas hat mich fasziniert: Der männlichen Brückenechse fehlt ein Kopulationsorgan. Das unterscheidet sie von anderen Echsen. Kam der Hemipenis im Zuge der Evolution erst später dazu? Behalfen sich die Urtiere auf andere Weise, wenn es um die Erzeugung von Nachkommenschaft ging? Die Zoologen reden von ›Paarung durch Kloakenkuss‹. Ganz offenbar wird die Kopulation durch das schlichte Aneinanderpressen der Kloaken vollzogen. Das geschieht in jenen unzugänglichen Höhlen, fernab aller Öffentlichkeit. Auch sonst lebt die Brückenechse äußerst zurückgezogen und scheint die Introspektion zu lieben.

Einmal hat diese Urahnin sich mir im Aquarium dann doch gezeigt. Groß, plump, in der Körperfülle an Leguane erinnernd, kam sie aus ihrem felsigen Verschlag. Gliederbau, Füße und Zehen sehr kräftig, Rücken und Schwanz mit einem dornigen Kamm bewehrt. Wegen der vielen Schuppen und Schilde musste ich an den berühmten Kupferstich mit der Darstellung des Rhinozeros von Albrecht Dürer denken, nur dass diese Brückenechse nicht ›hoch‹ auf ihren Beinen stand, sondern am Boden entlangrobbte zu einem Lichtkegel, der von einer starken Deckenlampe rührte und Wärme versprach. Die Grundfarbe ihres Körpers war ein düsteres Olivgrün. Weiße und gelbe Flecken tüpfelten die Seiten und Glieder, die Stacheln des Rückenkamms waren gelb. Sie schenkte mir keine Beachtung und ließ sich in dem von dem Lampenlicht erhitzten Sandkreis fallen. Dann schloss sie ihre Bernsteinaugen.

Dieses mächtige Schuppentier ist als Quader in eine Mauer der Maya-Stadt Palenque eingelassen, Lithografie aus dem Expeditionsbericht Antiquitiés Mexicaines *von 1806.*

Das lebendige Silber

In Vallader, einem rätoromanischen Idiom, sind Eidechsen und Wetterleuchten ein und dasselbe. Die Eidechse heißt Lütscherna, und das Wetterleuchten Lütschernas, also Eidechsen im Plural, so viele Eidechsen, die in der Sonne blitzen und leuchten und dunkeln. Schon immer wurden Eidechsen von den Menschen mit schnellster Bewegung, mit Licht und Blitz assoziiert. Da ist der Weg zum Quecksilber gar nicht mehr so weit.

»Schneide der Eidechse den Schwanz ab«, heißt es in den *Secreta Alberti,* auch *De Secretis lapidum* genannten geheimen Schriften des Pseudo-Albertus Magnus, »und sammle die aus der Schnittstelle sickernde Flüssigkeit auf, denn sie ist wie Quecksilber und lässt, wenn man den Docht einer Lampe damit befeuchtet, das Haus hell und weiß und wie mit Silber überzogen leuchten.« Im Mittelalter waren Handbücher mit alchemistischen Rezepten äußerst populär und hielten sich lange auf den damaligen Bestsellerlisten. Häufig spielen Eidechsen, wie in den Ratschlägen der *Secreta Alberti,* eine wichtige Rolle. Meist sind sie ein Synonym für ›lebendiges Silber‹, denn seit dem 16. Jahrhundert hatten sie sich als Tiersymbol für Quecksilber durchgesetzt. Ihre blitzartigen Bewegungen kamen den Eigenschaften des Quecksilbers so nahe, dass die Menschen des Mittelalters sie dem Element des Feuers gleichsetzten, wie übrigens auch den Salamander, der streng genommen nicht zur Familie der Eidechsen, sondern zu der der Lurche gehört. In vielen Texten und Bildtafeln findet sich der merkuriale Charakter der Eidechse wieder, als silbrig helles Gegenbild zur schwärzlichen Kröte und zum dunkelfeuchten Erdreich.

Hier noch ein weiteres Rezept aus dem mittelalterlichen Handbuch *Rechter Gebrauch d'Alchimei:*

> *und nimm neun Eidechsen / und tu sie in die Schüssel mit der Milch / und den Sturz darüber / grab sie mit der Milch in die Erde die da feucht sei / und daß der Sturz mit dem Loch über der Erde sei / damit die Eidechsen Luft haben mögen und nicht sterben / lass sie stehen bis an den siebten Tag nach Mittag / dann nimm die Schüssel mit den Eidechsen heraus / sie haben den Messing vor Hunger aufgefressen / und das große Gift zwingt den Messing / daß er sich wandeln muss zu Gold.*

Der anonyme Verfasser gibt dazu folgende Erläuterung: Das Quecksilber der Eidechse sättige sich am Messing des benutzten Geschirrs, sodass durch vorsichtiges Erwärmen und Verbrennen der Eidechsen sowie das darauffolgende Abkühlen und Trocknen der Mixtur ein feiner Goldstaub entstehe. Mit dieser Überführung von unedlem in edles Metall wurde die Eidechse in der damaligen populären Wissenschaft zur Chiffre für ein sich in Gold verwandelndes ›argentum vivum‹.

Die an der Columbia University lehrende Wissenschaftshistorikerin Pamela H. Smith hat in ihrem Aufsatz »Vermilion, Mercury, Blood, and Lizards: Matter and Meaning in Metalworking« (2010) die Rezepte zur Metallveredelung, die damals im

Diese Schmetterlingseidechse scheint sich ihres Farbenreichtums bewusst zu sein.

Schwange waren, untersucht und die alten Handlungsanweisungen zum Teil ›nachgespielt‹. Die Alchemisten ordneten, so der Befund, den verschiedenen Elementen Tiere zu. Die Kröte verkörperte das schwere Metall Blei, das Chamäleon die Luft, die Eidechse das Quecksilber. Vor allem die Echse, die oft der Schlange und dem Drachen gleichgesetzt war, und auch der Frosch galten als symbolische Repräsentanten jenes Vorgangs, ›putrefactio‹ genannt, der die von Fäulnis befallene Materie erneuerte. Pamela H. Smith hat einige alchemistische Manuskripte analysiert, die diese ›putrefactio‹ bildlich darzustellen versuchen. Eines zeigt eine Retorte, ein sogenanntes ›vas hermeticum‹, an dessen unterem Ende die Erdtiere sitzen, z. B. eine Kröte oder ein kleiner Drache, während sich im Inneren des Gefäßes die Vereinigung der sich entgegenstehenden Prinzipien als Koitus eines Hochzeitpaares vollzieht und aus der Öffnung des Kolbens ein Vogel ins Freie flattert.

Alle diese Sinnbilder, zu denen auch die Emblemata gehören, die sich in der Barockzeit größter Beliebtheit erfreuten, versuchen, geheime oder paradoxe alchemistische Lehrsätze zu übermitteln, in denen es um Veredelungsvorgänge in mehreren Stufen geht – hin zum Gold, dem realen Gold, und ultimativ zum geistigen Gold. Das ist, von heute aus betrachtet, all die angesammelten wissenschaftlichen Daten und empirischen Fakten im Sinn, nicht mehr zu verstehen und nur schwer nachzuvollziehen.

Zum Abschluss daher die schönste Quecksilber-Geschichte ganz ohne alchemistischen Ballast. Ich habe sie bei Sigmund Freud gefunden, der aus Giorgio Vasaris Schrift *Die Lebensgeschichte des umfassendsten Genies der Renaissance* zitiert. Es geht um Leonardo da Vinci und seinen kindlichen Spieltrieb:

> *Dort in Rom verfertigte er einen Teig von Wachs und formte daraus, wenn er fließend war, sehr zarte Tiere, mit Luft gefüllt; blies er hinein, so flogen sie, war die Luft heraus, so fielen sie zur Erde. Einer seltsamen Eidechse, welche der Winzer von Belvedere fand, machte er Flügel aus der abgezogenen Haut anderer Eidechsen, welche er mit Quecksilber füllte, so dass sie sich bewegten und zitterten, wenn sie ging, sodann machte er ihr Augen, Bart und Hörner, zähmte sie, tat sie in eine Schachtel, und jagte alle seine Freunde damit in Furcht.*

Sigmund Freud ist in seiner Studie *Eine Kindheitserinnerung des Leonardo da Vinci* hierauf eingegangen und berichtet, dass der große Mann sich auch bei Festlichkeiten am Hof am liebsten mit dem Basteln mechanischer Spielzeuge verlustierte. Etwas sauertöpfisch fügt Freud hinzu: »So sind nur wir damit unzufrieden, die den Meister nicht gern seine Kraft an solchen Tand wenden sehen.«

Vor dem sandgrauem Gestein wirkt die Felsenagame besonders prächtig. Wilhelm Kuhnert für Brehms Tierleben, *1913.*

Intermezzo: Billy

Es war einmal, dass wir vier Monate lang eine Zauneidechse als Haustier hatten. Nie war ich Eidechsen so nahe gekommen, auch nicht in Tunis oder auf Sizilien, wie in dieser Zeit. Wir wohnten damals, Ende der 1980er Jahre, in einer geräumigen Wohnung in Charlottenburg. Haustiere waren laut Mietvertrag verboten. Darunter verstand ich: keine Hunde, keine Katzen. Unsere Töchter wollten unbedingt ein Tier haben. Meine Frau und ich wollten keine Mäuse, keine Meerschweinchen und auch keine Kanarienvögel. Es wurde also eine Eidechse.

Wir kauften sie in einer Tierhandlung nicht weit vom Halensee entfernt. Der Händler versicherte, sie sei ein Streicheltier. Sobald sie einen Namen habe, werde sie ganz automatisch ein Mitglied der Familie. Billy. Die Kinder tauften sie Billy. Also ein ›er‹? Wir redeten viel mit Billy und noch mehr redeten wir über ihn, seine Gewohnheiten, seinen Schlaf, seine Wichtigtuerei. Oft reckte er sich am Morgen auf den Vorderbeinen in die Höhe, senkte gleichzeitig die Schnauzenspitze und blitzte die Welt, so kam es mir vor, mit seinen gelben Augen an. Er stand da wie ein winziger Stier ohne Hörner und Fell, angriffslustig und stolz.

Ich hatte in der Tierhandlung ein gebrauchtes, ziemlich großes Terrarium gekauft, 1,2 Meter lang und 0,6 Meter tief, und richtete es gemeinsam mit den Mädchen ein. Sand vor allem, zwei große Steine, Moos, Rindenstücke. Am wichtigsten waren die Heizlampen, denn die Temperatur sollte nie unter 26 Grad fallen und an dem Sonnenplatz zwischen 36 und 40 Grad liegen. »Echsen brauchen Versteckmöglichkeiten«, hatte der Tierhändler gesagt. Wir brachten also noch ein paar Steine von einer Wanderung am Teufelsberg mit und bauten Billy eine Höhle. Später auch eine Grotte. Noch später legten wir einen kleinen Teich für ihn an.

Sehr langsam gewöhnte sich Billy an die zwei kleinen Menschen, die mit ihm das Zimmer teilten. Am Anfang war er schreckhaft. Nach einigen Wochen gelang es Anna, ihn am harten Schädel oder der grünlichen Kehle zu streicheln. Er blieb dann mit erhobenem Kopf stehen, wie fixiert, und huschte erst einige Augenblicke später weiter. Ich glaube, er mochte dieses Anfassen überhaupt nicht. Berührungen waren für ihn, wie für jede Eidechse, Stress. Wenn er Angst hatte, bei lauter Rockmusik zum Beispiel, machte er die Augen zu. Am Anfang verstanden wir das falsch und dachten, er fühle sich wohl. Richtig wohl fühlte er sich vor allem beim Essen. Futter war ihm das Wichtigste. In der schon erwähnten Tierhandlung kauften wir einmal in der Woche, in Einmachgläsern, die wir mitbrachten, Fliegen und kleine Grillen, die wie winzige, widerlich blasse Zikaden mit einer Menge Gestänge – Antennen und Widerhaken – aussahen. Die Mädchen fanden diese Grillen abstoßend. Sie fütterten Billy mit diesen ›garstigen‹ Grillen von der Pinzette. Billy fraß keine Kadaver und alle diese Insekten mussten sich noch ein wenig bewegen oder zumindest schlapp mit den Flügeln schlagen. Sonst verging Billy die Lust, und er verzog sich kokett hinter einem Moospolster.

Ist das eine glückliche Kreatur? Der schwarze Sehschlitz verrät nichts.

Nach und nach bildeten sich die Kinder ein, zwischen ihnen und Billy sei eine engere Beziehung entstanden. Immer öfter holten sie ihn aus dem Terrarium heraus und ließen ihn frei herumlaufen. Die Suche nach ihm in der riesigen Wohnung war aufregend und dauerte ewig lang. Es gab Aberhundert Verstecke, Ritzen zwischen Kissen, Teppichfalten, Blumenuntersetzer, Schränke mit versehentlich offen gelassenen Schubladen. Die Suche war enervierend und an manchen Abenden gaben wir sie einfach auf.

Dann kam ein Samstag im Sommer. Ich hatte mich in mein Arbeitszimmer zurückgezogen, aus misanthropischen Gründen und aus Überdruss. Ja, ich war Billy überdrüssig. Ich sehnte mich nach einer Katze. Jedenfalls nach einem Tier, das so groß war, dass man es in der Wohnung finden konnte. Einem Tier, das schnurrte oder miaute, mithin Gefühlsregungen, wie ich meinte, von sich gab. Da klopften unsere Töchter an der Tür und kamen herein. Sie sagten: »Billy liegt auf dem Rücken und schläft.« Ich ging in das Zimmer der drei. Billy war tot, stocksteif und tot. Vielleicht war ihm das Düngemittel, das er von Azaleenblättern im Wohnzimmer geleckt haben mochte, nicht bekommen. Vielleicht waren all die Berührungen der Kinder ein zu großer Dauerstress gewesen. Vielleicht hatte er seine Eidechseneinsamkeit satt. Er bekam ein feierliches Begräbnis. Wir legten den eleganten, starren, schon sehr kalten Körper in ein Blechetui, das noch nach Lebkuchen duftete, legten Barockmusik von Albinoni auf, gingen feierlich die Treppe hinunter zu dem Innenhof, schaufelten in dem Pflanzenrondell in der Mitte eine kleine Grube und legten das Behältnis samt Billy hinein.

Die Kinder waren ein paar Tage ziemlich traurig. Aber sie verlangten nicht nach einer neuen Eidechse. Ich war froh darüber, weil ich Eidechsen längst nicht mehr für ideale Bewohner von Berliner Altbauwohnungen hielt. Einmal, viel später, sagte mir meine Tochter, sie hätte schon gerne wieder eine Eidechse gehabt, aber »diese weißen Zikaden« seien einfach zu widerlich gewesen.

Vom Züngeln, Schlafen, Jagen, Zeugen und Häuten

Je kleiner die Eidechse, umso größer ist ihre Hoffnung, ein Krokodil zu werden.
ÄTHIOPISCHES SPRICHWORT

Können Eidechsen träumen? Vereinen sie mehr als Instinkt, Angst, Gier, Reflexe? Können wir, die so anders geartet sind, uns kraft unserer Imagination in das Dasein in einem Terrarium versetzen, Wärme suchen, warten, dass der Pfleger die Grillen oder Salatblätter bringt? Es gelingt uns nicht. Wir bleiben die Fremden. Oder, man könnte auch andersherum sagen: Eidechsen sind uns gerade noch so fremd, dass wir sie nicht mit unserem Seelenleben belehnen können. Wir können uns nur in geduldiger Anschauung üben und zugleich sichten, was die Forscher empirisch zusammengetragen haben.

Fangen wir bei der Haut an. Echsen haben keine Haut in dem Sinne, wie wir sie verstehen. Echsen haben ein Schuppenkleid. Kleine oder große Schuppen, kunstvoll aneinandergefügt oder übereinandergelegt. Oft sind diese Schuppen je nach Körperregion verschiedenfarbig, sodass raffinierte Muster entstehen können, Bänder, Rauten, Sterne, Zickzacklinien. Neulich musste ich bei einem Glattkopfleguan aus den Antillen an Stoffe denken, die ich in Usbekistan gesehen hatte, mit einem flie-

Die schönste blaue Eidechse der Welt, auf einem Aquarell von Maria Sibylla Merian von 1705.

ßenden Kamm-Muster in der Ikat-Webtechnik, bei einem anderen aus Honduras an einen Missoni-Schal. Oft sind die Farben frisch, weil sich die Echsen, und ganz besonders die jungen, ständig häuten. Die Haut wird nicht wie bei den Schlangen in einem einzigen Stück, sondern in Fetzen abgestreift.

Schlangen und Echsen fasst die Biologie unter dem Oberbegriff ›Schuppenkriechtiere‹ zusammen, ein nicht besonders attraktiv klingender Name. Äußerlich unterscheiden sich die Echsen von den Schlangen durch das Vorhandensein von Augenlidern und durch vier Gliedmaßen, obwohl es hier, wie überall sonst, einige Ausnahmen gibt. Bei den Echsen herrscht Überfluss. Rund 2700 Echsenarten bewohnen angeblich die Erde, und zwar überall, so steht es in den einschlägigen Büchern, mit Ausnahme der Arktis und der Antarktis. Die Biologen teilen die Echsenarten wiederum in über 300 Gattungen und in 20 Familien ein. Geckos zum Beispiel bilden eine Familie, Leguane, Nachtechsen oder Chamäleons weitere Familien.

Subtile Unterscheidungsmerkmale sind die Schuppenform, die Art der Verknöcherungen, die Anordnung der Zähne auf den Kieferrändern, die Form der Zungen – diese können lang, kurz, dick oder gespalten sein – und unendliche Variationen bei den Augen und der Pupillenform. Viele, auch kleinste Details helfen, die einzelnen Arten zu bestimmen. Dabei kann einem schwindlig werden. Daher konzentrieren wir uns im Folgenden auf einige wesentliche Merkmale und die damit verbundenen Fähigkeiten. Dabei gehen wir vom Kopf aus, von Zunge, Augen und Gehör und über den Rumpf hinab bis zum Schwanz.

Ein sehr charakteristisches Verhalten der meisten Echsen ist das Züngeln. Es ist eng mit dem Duft- und Geschmackssinn verbunden. Beim Betasten der Nahrung aus der Luft mit der Zungenspitze nehmen die Tiere Duftstoffe auf, die über den Riechnerv bis zum Gehirn geführt werden. Die Zunge dient also nicht nur zum Trinken und Lecken, sondern ist auch ein perfektes Informationsinstrument. Die Eidechse streckt ihre Zunge rasch heraus, berührt einen Gegenstand oder eine von einem anderen Tier markierte Stelle und zieht sie wieder zurück. Dann schiebt sie die Zungenspitzen mit der Duftprobe in zwei winzige Taschen im Gaumen, in das sogenannte Jacobson'sche Organ, benannt nach seinem Entdecker, dem dänischen Chirurgen L. L. Jacobson. Dort werden die Geruchsstoffe auf die Sinneszellen übertragen, untersucht und dem Gehirn ›übersetzt‹. Ein Sonderfall ist die Zunge des Chamäleons. Wie ein Scharfschütze vermag ein Chamäleon seine lange, am Ende keulenartig verdickte Zunge weit herauszuschleudern und mit ihr eine Beute zu umfassen und wie mit einem Saugstempel festzuhalten. Dabei öffnet es das Maul nur einen winzigen Spalt, sekundenschnell schießt die Zunge hervor, hält die Beute fest und verschwindet fast ebenso schnell wieder im Mund. Das eingefangene Insekt oder wirbellose Tier wird dann unter Kauen hinuntergewürgt.

Ob sich die Echsen von Pflanzenteilen und Früchten ernähren oder, wie die meisten von ihnen, von allen Lebewesen, die sie überwältigen können, immer spielt das Orten der Beute, die Aufnahme von Duftstoffen, die Verfolgung und schließlich das Packen mit den Zähnen eine Rolle, bis es zum Kauen, Würgen und Schlingen kommt. Echsen verfügen nicht über die bedrohlichen Zahnspaliere eines Krokodils, doch flößen die großen, gekrümmten Zähne mancher Warane oder der nordamerikanischen Krustenechsen durchaus Respekt ein. Der Biologe Ludwig Trutnau weist im Kontext der Echsenzähne in seinem Buch *Krokodile und Echsen* auf den sogenannten ›Eizahn‹ hin, der es einer jungen Echse im Ei erlaubt, die Eischale von innen her aufzuschlitzen. Dieser rasiermesserscharfe Eizahn verschwindet wieder innerhalb weniger Tage nach dem Schlupf. Eidechsen trinken wenig. Sie tauchen ihre Zunge mehrere Male rasch ins Wasser und ziehen sie wieder in die Mundspalte zurück. Vielen Echsen genügt der Morgentau. Echsenarten, die in der Wüste leben, sind besonders genügsam und beziehen ihre Ration Feuchtigkeit aus der Nahrung.

Die meisten Echsen haben gut entwickelte Augen. Von den Schlangen unterscheiden sie sich durch das Vorhandensein von Augenlidern. Bei manchen Eidechsen ist das untere Lid glasklar: eine praktische Einrichtung, die es dem Tier ermöglicht, auch mit geschlossenen Augen zu sehen. Farben können Eidechsen bestimmt unterscheiden – die bunte Hochzeitsfärbung der Männchen würde sonst keinen Sinn ergeben. Es gibt einige Echsenarten mit lidlosen Augen: amerikanische Nachtechsen zum Beispiel und auch einige Geckoarten. Mannigfaltig ist die Form der Pupillen. Sie können vertikal geschlitzt und messerklingendünn sein oder rund wie schwarze Kindermurmeln. Billy hatte solche Murmeln. Echsen können einen mit ihren Basedow-Augen fixieren, ihr Blick ist starr, aber nicht kalt und nicht ohne Neugier. Vielleicht ist die Echse am meisten Dra-

Wettbewerb der ausgefallensten Schwänze. Aus Albertus Sebas Naturalienkabinett *von 1738.*

chen, wenn sie nach einigen Liegestützen, den vorderen Rumpf leicht erhoben mit ihren Pupillen die Welt mustert.

Auch wenn wir sie kaum sehen können, haben Echsen doch Ohren. Meist sitzen die äußeren Ohröffnungen hinter den Schläfen. Das Trommelfell ist als zarte Membran deutlich erkennbar. Die Biologen haben allerdings trotz zahlreicher Tests bis heute noch nicht herausgefunden, wie differenziert das Hörvermögen der Echsen tatsächlich ist.

Drüsen produzieren im Echsenmaul Speichel, der die Aufnahme von Nahrung begleitet und die Verdauung erleichtert. Die Krustenechsen, die immer einer besonderen Erwähnung wert sind, haben im Unterkiefer Giftdrüsen. Beim Reißen eines Beutetiers kann ein Gemisch aus Gift und Speichel in die Wunde sickern und den Gegner betäuben, sodass die etwas schwerfällige Krustenechse dann leichtes Spiel hat.

Der Rumpf der Echsen ist extrem unterschiedlich ausgeprägt. Er kann schlank, sehnig, muskulös sein wie ein Geschmeide von Cartier, aber auch dick und trommelartig. Fast immer ist der Schwanz doppelt so lang wie der Rumpf oder länger noch. An beiden Seiten des Rumpfes haben nicht alle, doch die meisten Echsen ein Paar Vorder- und ein Paar Hinterbeine. Die Tatzen weisen vier, oft auch fünf Zehen auf und sind meist bekrallt. Nur beim Chamäleon sind die beiden äußeren und die drei anderen Zehen miteinander verwachsen, zu je einer einzigen bündelartigen Zange, was jeden Fuß zu einem fantastischen Greifwerkzeug macht.

Die Echsen entbehren jener Flügel, die Drachen in unserer Vorstellung erst zu Drachen machen. Sie leben auf fast allen Kontinenten, nur den dazu gehörigen Luftraum haben sie nicht erobert, sieht man von dem südasiatischen Flugdrachen der Gattung ›Draco volans‹ ab, der in der Tat in elegantem Gleitflug mit ausgebreiteten Hautsäumen an den Körperseiten von einem Baum zum anderen schweben kann. Aber streng genommen sind das keine Flügel, wie Brehm betont, sondern »5 oder 6 falsche Rippen, die zu Trägern eines halbkreisförmigen Fallschirms umgestaltet« sind. Brehm schildert diesen ›Drachen‹ auf sehr präzise Weise und nennt ihn ein »reizendes Geschöpf«, das ausschließlich auf Bäumen und am liebsten in deren Kronen lebt. Wenn es schwebt, dann zeige die innere Hälfte des Fallschirms »ein Gemisch aus metallisch schimmerndem Dunkelbraun und Rosenrot«, auf der äußeren Hälfte des Schirms käme noch »Orangengelb« dazu, und »der Rand ist silbern gesäumt«.

Von der Farbenpracht des Draco zum Sex. Beides hängt in der Echsenwelt eng zusammen. Zumindest lassen sich Männchen und Weibchen durch die Färbung von Körperteilen oft leicht auseinanderhalten. Erstere sind in der Regel bunter gefärbt, größer und auch von kräftigerem Körperbau als ihre Gefährtinnen. Smaragdeidechsenmänner haben im Frühjahr eine blaue Kehle, der nordamerikanische Breitkopfskink ist ziegelrot gefärbt, männliche Zauneidechsen werden zur Paarungszeit neongrün. Die Weibchen sind versiert in der Sprache der Farben und lassen sich auf das Liebeswerben ein. Vor allem der Farbenwechsel beim Chamäleon hat das Interesse der Forscher

Außerirdische Wesen? Nein, drei Sudanchamäleons mit Helm und Panzer.

und Laien schon im Altertum erregt. Man dachte, das Tier könne beliebig die Farbe wechseln und sich der jeweiligen Umwelt anpassen, was dazu führte, dass bald Schmeichler und Hofschranzen und auch Schauspieler als Chamäleons bezeichnet wurden, und Tertullian in seiner berühmten Schrift *De pallio* (Über den Philosophenmantel) das Tier zum Anlass nahm, sich tiefschürfende Gedanken über den falschen Schein zu machen. Erst viel später fand die Forschung heraus, dass der Farbwechsel von Farbstoffen in den Bindegeweben des Chamäleons vom jeweiligen Lichteinfall abhängig ist. Einige Forscher meinen, dass zudem auch Gemütsbewegungen wie Hunger, Durst oder Wollust zu Farbveränderungen führen können.

Bei den Echsen, die bei uns in den gemäßigten Klimazonen zuhause sind, erwacht der Fortpflanzungstrieb nach dem Ende des Winterschlafs. Die paarig angelegten männlichen Geschlechtsorgane befinden sich in sogenannten Hemipenistaschen in der Schwanzwurzel. Das weibliche Geschlechtsorgan ist eine Öffnung im Analbereich, die sogenannte Kloake. Bei der Paarung geht das Männchen ziemlich brutalistisch vor. Es versucht, das Weibchen mit dem Maul entweder im Nackenbereich oder an der Körperseite zu ergreifen, zu fixieren, um sich dann auf ihren Rücken zu wälzen und mit seinem Bauch auf ihr zu liegen. Durch Krümmung des Rumpfes bringt er die Hemipenes in die Nähe der Kloake. Mit Ausnahme der Bergeidechse, die lebende Junge zur Welt bringt, legen die Echten Eidechsen (*lacertides*) – so wird die geläufigste Familie der Schuppenkriechtiere genannt – Eier, meist 20 und mehr. Bis zum Schlupf kann es je nach Außentemperatur und Luftfeuch-

Ein ›Erdkrokodil‹ von der Insel Delos, ein Kupferstich von 1717 aus der Relation d'un Voyage du Levant.

tigkeit wenige Wochen bis mehrere Monate dauern. Um die Jungen, wenn sie einmal geschlüpft sind, kümmern sie sich nicht. Es gibt bei den Eidechsen nicht wirklich ein ›geselliges‹ Leben, ein Leben im Verbund, wie wir es von manchen Vogelarten und auch von Ameisen, Bienen oder Delfinen kennen. Im Prinzip ist die Eidechse eine Einzelgängerin. Wenn sie – wie in den Ruinenfeldern von Selinunt oder an den Böschungen sizilianischer Flüsse – in Paaren oder sogar in größeren Formationen auftritt, gibt es natürlich Absprachen unter ihnen, vielleicht auch eine Form von Arbeitsteilung und dem Abstecken von ›Revieren‹. Doch ist diese Kommunikation, die überwiegend über Gebärden abläuft, vom Kopfnicken bis zum Beinwinken, noch nicht erforscht. Die niederländische Philosophin und Schriftstellerin Eva Meijer meint in ihrem Buch *Die Sprachen der Tiere* sogar, dass gerade die Eidechsen durch ihre Körperhaltung, das Aufblasen ihrer Kehle und die Anzahl der krallenartigen Zehen, die sie auf den Boden stellen, über 6800 unterschiedliche Haltungen und Äußerungen einnehmen können. Dass alle diese Körpersignale schon eine eigene komplexe ›Grammatik‹ der Kommunikation ergeben, ist eine sehr kühne wie aufregende These.

Unserer Betrachtung der Eidechse fehlt noch der Eidechsenschwanz. Es ist übertrieben zu sagen, er sei das Charakteristikum der Eidechse schlechthin, aber wir können uns dieses Tier ohne ihren langen, eleganten Schwanz überhaupt nicht vorstellen. Fast alle Echsenschwänze, die wir kennen, die wir schon einmal gesehen haben, sind dünn, fein und lang. Wer die Variationen liebt, kommt aber auch beim Eidechsenschwanz auf seine Kosten. Dieser kann vertikal, aber auch horizontal abgeflacht sein. Er kann kurz sein, aber an Länge auch das Mehrfache des gesamten Rumpfes einnehmen. Was schon die Alten faszinierte, ist das Nachwachsen des Schwanzes nach einem Bruch, also seine Regeneration. Es gibt, stellt Trutnau fest, kaum Exemplare »mit einem intakten Schwanz«. Nachgewachsene Schwänze erkennt man daran, dass sie eine andere Färbung oder eine andere Beschuppung aufweisen als die Reste des ursprünglichen Schwanzes, soweit diese noch vorhanden sind. Bei den Geckos in unserem Haus in Tunis war das sehr augenfällig: Der nachgewachsene Schwanz war heller, glatter, ganz ohne Segmentierung. Wie wir wissen, werfen die Eidechsen ihren Schwanz ab, wenn sie in Gefahr sind. Das Stück zappelt noch eine Weile hin und her und verwirrt den Angreifer. Vor Kurzem haben nun Forscher der Münchner Universität eine Gecko-Art entdeckt – *Geckolepis megalepis* –, die zusätzlich zum Schwanz auch noch ihr Schuppenkleid fallen lassen kann. So können die Tiere entkommen, während dem Angreifer nur ein Maul voller Schuppen bleibt. Offenbar liegen bei dieser Geckoart die relativ großen Schuppen nur an wenigen Körperstellen an und ihre Haut hat einen zum Ablösen vorgeformten Bereich. Dadurch können sie ihre Hüllen schnell abstreifen.

Aber zurück zum Schwanz. Für die Echsen ist ihr Schwanz wichtig für die Balance und die Fortbewegung. Er ist aber auch ein Körperteil, das zur Verteidigung benutzt wird und dem Gegner durch Peitschenhiebe Wunden zufügen kann. Zudem eignet sich der Eidechsenschwanz als Vorratskammer. Im Winter, während des langen Schlafes, kann der Organismus im Schwanz gespeicherte Fette abbauen, die das Überleben sichern.

Große Gefahr droht den Eidechsen aber von ganz anderer Seite. Ihre Lebensräume waren einst riesengroß und erstreckten sich über fast alle wärmeren Teile der Erde. Diese Lebensräume sind dramatisch geschrumpft. Zum einen hören die Menschen nicht auf, Wälder zu roden, Pflanzendecken zu vernichten, Pestizide und schädlichen Dünger zu benutzen, sodass die natürliche Umwelt immer stärker zerstört wird. Eine Tragödie besonderen Ausmaßes ist das Abholzen der tropischen Regenwälder in Asien, in Afrika und im Amazonasgebiet. So droht zahlreichen Echsen- und Schlangenarten, die an ein Leben auf

Reptilienidylle: Leguan und Eidechse auf einem handkolorierten Stich von 1861.

Bäumen angepasst sind, der unwiderrufliche Untergang, weil ihnen die Existenzgrundlage genommen wird. Gleiches gilt für die Trockenlegung von Feuchtgebieten, Sümpfen und Mooren. Zum anderen hat die Jagd der Menschen auf größere Echsen, besonders auf Leguane und Warane, in den letzten Jahren weiter zugenommen, nicht nur wegen des wertvollen Leders, sondern auch wegen ihres Fleisches, das in vielen Ländern Lateinamerikas und Asiens sehr geschätzt wird.

Zwischen den Biotopen, die den Echsen zusagen, und ihrer Lebensgestaltung als auch ihrer Körperform gibt es einen engen Zusammenhang. In echsenfreundlichen Biotopen wachsen die Echsen in der ersten Zeit ihres Lebens rasch, dann langsamer. Oft hört das Wachstum mit dem Erreichen der Geschlechtsreife auf. Trutnau nennt einige frappante Beispiele für das anfänglich schnelle Wachstum der Echsen. So wuchsen Taggeckos innerhalb von zwei Monaten von 7,5 Zentimeter auf 15 bis 17 Zentimeter heran. Junge Helmbasilisken verdoppeln ihre Körperlänge im Verlauf von vier Monaten von 13 auf fast 26 Zentimeter. Besonders in der Wachstumsphase sind Häutungen überdurchschnittlich häufig und können sich alle vier bis fünf Wochen vollziehen. Wachstum und Lebensdauer hängen zusammen. Auch die Lebensdauer der Echsen ist sehr variabel. Echsen aus dem Norden leben länger als Exemplare in südlichen Gebieten. Es leuchtet ein, dass Echsen, die in wärmeren Regionen aktiv sind und keine Überwinterungspause kennen, schneller altern. Der amerikanische Herpetologe Coleman Jett Goin hat nach jahrelanger Beobachtung für einige Echsenarten das Maximalalter angegeben: für die Krustenechse 20 Jahre, für den Riesengürtelschweif nur 5 Jahre, für den gewöhnlichen Mauergecko 7 Jahre. Das alles sind natürlich Annäherungen. Zum Beispiel frage ich mich, ob die übervorsichtigen Geckos auf den Terrassen von Syrakus, wo ich in den letzten Jahren viele Frühlingsabende verbrachte, wirklich so alt werden oder ob ihnen die Mauersegler, die in großer Zahl und in atemberaubenden Gleitflug durch die engen Gassen preschen, nicht alle Insekten wegfressen. Ich denke, dass sie mangels ausreichender Nahrung früh sterben. Umso mehr freue ich mich, wenn sie Nacht auf Nacht dann doch wieder in der Nähe der Lampen auf weiß gekalkten Wänden auftauchen wie einst in Tunis.

Nahe Verwandte

Von Molchen und Olmen

Schwanzlurche, auch Molche genannt, und Eidechsen haben im strengen wissenschaftlichen Sinn nichts miteinander zu tun. Aber wenn wir die biologischen Bestimmungsbücher verlassen und uns ein wenig umhören, stellen wir fest, dass die meisten Menschen, auch die Gebildeten und Belesenen, unterschiedslos, ja wahllos von Eidechsen, Lurchen und Salamandern reden. Oft werden die Worte ›Salamander‹ und ›Eidechse‹ deckungsgleich benutzt, begründete Grenzziehungen also über Bord geworfen. Auch mir schien es unmöglich, ein Buch über Eidechsen zu schreiben, ohne auf Salamander, und insbesondere die Feuersalamander, einzugehen, die jedoch zur Ordnung der Lurche, genauer der Schwanzlurche, und nicht zur Ordnung der Eidechsen gehören.

In früheren Zeiten wurden die Lurche tatsächlich den Kriechtieren, also den Eidechsen, zugeordnet, jedoch als ›nackte Kriechtiere‹ bezeichnet, weil ihre Haut keine Schilder, keine Schuppen aufweist, sondern meist schlüpfrig, feucht und weich ist, aus elastischen Sehnenfasern bestehend und ziemlich dünn. Das ist ein gewichtiger Unterschied. Der andere ist, dass Lurche im Gegensatz zu den Eidechsen die Sonne meiden und Feuchtigkeit brauchen. Manche Molcharten sind nahe an den Fischen, sie ›trinken durch die Haut‹, und wenn auch einige von ihnen überwiegend auf dem trockenen Land leben, so

Vom alten Glauben an den feuerfesten Salamander: Hier unterdrückt ein reich gemusterter Feuersalamander die Flammen, Kupferstich von 1570.

ist ihre Abhängigkeit vom Wasser groß. So groß, dass sie ohne Wasser gar nicht gedacht werden können.

Das sind beträchtliche Unterschiede. Doch vieles ähnelt sich auch. So haben die Molche oder Schwanzlurche wie die Eidechsen einen gestreckten, walzigen Leib mit deutlich abgesetztem Kopf und langem Schwanz. Der Rumpf wird von vier Beinen getragen, die mehr oder minder die gleiche Länge aufweisen, mit zwei bis fünf freien Zehen. Die Schwanzlurche sind Nachttiere, aber das gilt für einige Eidechsenarten, zum Beispiel für die Geckos, auch. Die Lurche bevorzugen düstere, feuchte Gegenden und verkriechen sich gerne unter Steinen, in den Ritzen zwischen verrottenden Baumstämmen oder in Erdhöhlen.

Einige Schwanzlurcharten, besonders süd- und westeuropäische Salamander, können so schnell laufen, dass sie es mit Eidechsen durchaus aufnehmen können.

Unter den Schwanzlurchen ist der Salamander der bekannteste. Man kann sagen, dass von allen Eidechsen und Lurchen es der Salamander ist, um den sich über Jahrhunderte ein gewaltiger Corpus aus Legenden, Mythen und Symbolen gebildet hat. Kein anderes Reptil ist schon von den vormodernen Autoren mit so vielen verrückten und fantastischen Eigenschaften ausgestattet worden. In zahllosen Bildern, Holzschnitten und Kupferstichen wird der mythologische Salamander zwar meist als ›typische‹ Eidechse dargestellt, jedoch fast durchweg in engster Nachbarschaft zum Feuer.

Hier soll der vielem Irrglauben seiner Zeit aufsitzende Plinius der Ältere zu Wort kommen:

> *Der Salamander, ein Tier von Eidechsengestalt und sternartig gezeichnet, lässt sich nur bei starkem Regen sehen und kommt bei trockenem Wetter nie zum Vorschein. Er ist so kalt, dass er wie Eis durch bloße Berührung Feuer auslöscht. Der Schleim, der ihm wie Milch aus dem Maule läuft, frisst die Haare am ganzen menschlichen Körper weg; die befeuchtete Stelle verliert die Farbe und wird zum Male. Unter allen giftigen Tieren sind die Salamander die boshaftesten. Andere verletzen nur einzelne Menschen und töten nicht mehrere zugleich – der Salamander hingegen kann ganze Völker vernichten, falls diese sich nicht vorsehen. Wenn er auf einen Baum kriecht, vergiftet er alle Früchte. Und wer davon genießt, stirbt vor Frost; ja, wenn auf einem Holze, das er nur mit dem Fuße berührt hat, Brot gebacken wird, so ist auch dieses vergiftet, und fällt er in einen*

Brunnen, das Wasser nicht minder. Doch wird dieses so giftige Geschöpf von einigen anderen Tieren gefressen, so z. B. von den Schweinen, und es ist wahrscheinlich, dass sein Gift vorzüglich durch solche Tiere gedämpft wird, welchen er zur Nahrung dient. Wäre begründet, was die Magier vorgeben, dass gewisse Teile des Salamanders als Mittel wider Feuersbrünste dienen können, weil er das einzige Tier ist, welches das Feuer auslöscht, so würde Rom längst einen solchen Versuch gemacht haben.

(NATURALIS HISTORIA, XXIX, 23).

Plinius bemüht abschließend seinen Kollegen, den Philosophen Quintus Sextius, der gesagt haben soll, dass »der Genuss eines Salamanders, dem man die Eingeweide ausnimmt, Fuß und Kopf abschneidet und den man in Honig aufbewahrt, erregend« wirke. Wie Plinius leugnet dieser Sextius, dass der Salamander ein Feuer löschen könne.

Alfred Brehm kritisiert in seinem *Tierleben* Plinius und bedauert, dass so viele Menschen diesen ›Mitteilungen‹ Glauben schenkten und den Salamander als »entsetzliches, fürchterliches Tier verschrieen«. In seinem Lehrbuch erwähnt er noch andere merkwürdige und in seinen Augen ebenso lächerliche Gebräuche, die bei Plinius schon in einem früheren Kapitel über alchemistische Rezepte zur Sprache kamen. So hofften zum Beispiel Goldmacher, das von ihnen begehrte Metall dadurch erhalten zu können, »dass sie das arme Tier auf ein Schmelzfeuer setzten und nach geraumer Zeit Quecksilber auf den verkohlenden Giftwurm träufeln ließen«. Ebenso wurde das Tier bei Feuersbrünsten, in den Worten Brehms, »zum Märtyrer des Wahns«: Die Leute warfen es in die Flammen in dem Glauben, damit dem Unheil Einhalt zu gebieten. Doch diese Feuerlöschereigenschaft hatte, wie wir ja wissen, bereits Plinius angezweifelt.

Interessant ist eine Einlassung von Augustinus. In seinem Hauptwerk *Vom Gottesstaat* nimmt er den im Feuer ausharrenden Salamander als Beweis dafür, dass auch Menschen ewig im Fegefeuer schmoren können, ohne ihre Gestalt zu verlieren:

> *Wenn der Salamander im Feuer lebt, wie es die Naturforscher aufgezeichnet haben, und wenn gewisse berühmte Berge Siziliens von den frühesten Zeiten bis heute immerfort voll Feuer sind, dann sind das überzeugende Beispiele dafür, dass nicht alles, was brennt, auch aufgebraucht wird.*

Auch im Alten Testament, im Buch Daniel, finden wir den Feuersalamander. Er ist das Attribut von drei Jünglingen, die sich geweigert hatten, ein im Auftrag des Königs Nebukadnezar hergestelltes Götzenbild anzubeten, woraufhin sie in einen Feuerofen geworfen wurden. Aber ein Abgesandter des Himmels, ein Engel, trieb die Flammen aus. Es wehte, wie es heißt, im Ofen ein taufrischer Wind, und die Gefährten des Propheten blieben unversehrt. Auch in frühchristlichen Katakomben finden wir das Motiv des Salamanders, das, wie manche Historiker vermuten, als Sinnbild für die Auferstehung Christi verwendet wurde.

Wenn wir diese alten Autoren lesen, wird uns klar, dass der Feuersalamander der vormodernen Zeit nicht mit dem amphibischen Lebewesen verwechselt werden darf, das heute diesen Namen trägt. Man hat den Salamander für ein einzigartiges Geschöpf gehalten, das entweder das Feuer unbeschädigt ertragen

Der früheste Beleg für den Glauben an die Unzerstörbarkeit des Salamanders, aus einer Inkunabel von 512 n. Chr. aus Konstantinopel.

konnte oder direkt im Feuer lebte und sich vom Feuer ernährte. Der Glaube an die Unzerstörbarkeit durch Feuer ist bereits durch eine Illustration in der spätantiken Sammelhandschrift des Arztes Dioskurides aus dem Jahr 512 n. Chr. belegt, die heute in Wien beherbergt wird und eine eidechsenähnliche Gestalt in einem orangenrot züngelnden Flammenbett darstellt. Der deutsche Arzt und spätere Alchemist Michael Maier hatte sich an einer eher rationalen Erklärung der angeblichen Feuerfestigkeit des Salamanders versucht, indem er diese auf die feuchte Schleimschicht zurückführte, mit der der Körper des Salamanders überzogen sei. Von herrlicher Zuversicht zeugt der Ausspruch des Joachim Camerarius aus Nürnberg in seinem im Jahre 1590 erschienenen Werk *Symbolorum et emblematum centuriae tres. Ex Aquatilibus et Reptilibus*:

> *Siehe, der Salamander geht durch die Flammen hindurch.*
> *Unverletzt bleibt immer auch die Reinheit.*

In einem Gedicht, das als eines der schönsten der deutschen Sprache gelten kann, fasst Gertrud Kolmar all das zusammen, was sich um den Salamander rankt. »Salamander« – so heißt auch das Gedicht. Es konnte in dem Auswahlband *Die Frau und die Tiere,* der 1938 im Jüdischen Buchverlag E. Löwe in Berlin erschien und kurz nach der Reichsprogromnacht von den Nazis eingestampft wurde, nicht mehr berücksichtigt werden. Erst später, als Gertrud Kolmar wiederentdeckt wurde, fügte man das Gedicht in den Zyklus *Tierträume* ein.

Wir wohnten fern einander
In Leibern, nicht in Herzen.
Du warst der Alchimist.
Ich war der Salamander.

Ein kleines Ungeheuer,
Ein schwarzes Kielkropftierchen,
Mit goldenem Schlamm besprenkelt,
Zerwand ich mich im Feuer.

Es sprang mit dünnem Schnauben
Um meine feuchten Glieder,
Und dass ich dunkles Eis –
Die Leute mochten' s glauben.

Die Leute glauben Mären,
So wahr wie Wirklichkeiten.
Die rote Zunge leckte;
Ich warf ihr meine bitterlichen Zähren.

Sie sank zu dünnem Fächeln,
Das ruhte siech im Herde
Auf mürbem Föhrenholz
Und starb um meine Schwärze als ein Lächeln.

Da ließest du das dumpfe,
Das unbeholfene Wesen
In kühlen Herbsttag gleiten.
Es kehrte heim zum Sumpfe.

Gertrud Kolmar bezieht sich in ihrem Gedicht sowohl auf zoologische Fakten als auch auf die schon erwähnten antiken und mittelalterlichen Überlieferungen, in denen der Salamander als ein dem Feuer zugeordnetes Elementarwesen gilt. Daher, und wohl nicht nur aufgrund seiner Zeichnung, rührt der Name Feuersalamander. Als ›Helfer‹ der Alchimisten und als Verwandlungskünstler spielt der Feuersalamander eine wichtige und auch ambivalente Rolle.

In diesem Gedicht geht es nun um eine Zwiesprache, vielleicht eine unglückliche Liebesbeziehung zwischen dem Alchimisten und dem Salamander, in dem sich die Dichterin sieht. Das Besondere an dem Gedicht ist nun, dass der Salamander die »Feuerprobe« besteht und aus den roten Zungen unversehrt hervorgeht. Er hat gelitten, er hat sich ›zerwunden‹, auch der Glaube, er sei »dunkles Eis« hat sich als falsch erwiesen. Doch brennt das Feuer letztlich herunter und stirbt »als ein Lächeln« um den schwarzen Salamander. Wer schickt ihn nun zurück in die feuchten Wälder, zu seinem ursprünglichen Lebensraum? Ist es der Alchimist, der ihn für sein Experiment

›Ausländische Wassermolche‹ aus Brehms Tierleben *von 1913: Kalifornischer Wassermolch, Hechtkopftriton, Feuerbauchmolch.*

aus dem Sumpf geholt hat, oder die Dichterin, die sich teilt und von ihrem Tiertraum, ihrem Salamandertraum Abschied nimmt?

Auch für Ingeborg Bachmann ist der Salamander ein Feuerwesen. In ihrem bekannten, viel gedeuteten Gedicht »Erklär mir, Liebe« tritt die Dichterin mit der Liebe in einen Dialog und bittet sie um Erklärung und Aufklärung. Nach einem Anfangspassus über die Erscheinungsformen erloschener Liebe beschreibt sie Liebespiele in der Natur und hier besonders in der Tierwelt. Manches klingt nach Aufklärungsunterricht. Einige Bilder kommen aber zauberhaft leicht daher:

Der Käfer riecht die Herrlichste von weit

Ist die Wirkung von Pheromonen schon einmal so knapp und so schön beschrieben worden? Auch Wasser, Welle und selbst der leblose Stein werden zu Zeugen gerufen (»ein Stein weiß einen andern zu erweichen!«). Die Sprecherin will an dieser Welt teilhaben, sie bewegt sich aber in einer Welt des Mangels, in der es nur ›Gedanken‹ gibt, keine Wesen und keine Gefühle. Sie weiß vom Salamander. Inmitten der Flammen Feuerluft zu atmen, ja zwischen den Flammen unangreifbar und unzerstörbar auf und ab zu wandeln, das ist durchaus eine wiederkehrende Fantasie der Dichterin. So zeigt das Gedicht ganz am Ende eine Möglichkeit auf, wie die leidvolle Situation überstanden werden kann:

Erklär mir nichts. Ich seh den Salamander
durch jedes Feuer gehen.
Kein Schauder jagt ihn, und es schmerzt ihn nichts.

Das Gedicht endet mit diesen Zeilen. Die ›Immunität‹, die Unempfindlichkeit des Salamanders wird behauptet. Eine Folgerung daraus wird nicht gezogen. Ist diese Unberührbarkeit ein ersehnenswerter Zustand? Wird das lyrische Ich diesen Weg gehen? Das Ende des Gedichts lässt keine eindeutige Antwort zu. Christa Wolf hat sich in einer ihrer Kassandra-Vorlesungen mit diesen Schlusszeilen befasst. Sie schreibt: »... das Ich und das Du des Gedichts, das ich mir gerne zusammen denke, (will) als Preis für Unversehrbarkeit nicht zahlen: fühllos sein.«

Viel ist über den Ursprung der engen Beziehung von Feuer und Salamander spekuliert, nachgedacht und geschrieben worden. Einige Autoren meinen, sie hänge mit der Gewohnheit der Salamander zusammen, ihren Winterschlaf unter Holzstößen zu halten. Wenn nun Brennholz in die Häuser gebracht wurde und die Scheite auf das Feuer gelegt wurden, seien diese Geschöpfe »auf unerklärliche Weise« in den Flammen erschienen. In seiner Autobiografie erinnert sich Benvenuto Cellini (1500–1571), der berühmte Renaissance-Künstler, als Kind Zeuge einer solchen ›Erscheinung‹ gewesen zu sein. Sein Vater, der vor dem Kamin Viola gespielt habe, hätte ihn und seine Schwester aufgeregt herbeigerufen und ihnen einen Salamander gezeigt, der mitten in den knisternden Flammen hin und her gesprungen sei. Andere Autoren, wie auch der bereits zitierte Michael Maier, vermuten, dass die milchige Substanz, die ein Salamander ausscheidet, wenn er erschrickt oder sich bedroht fühlt, und die seine Haut feucht macht, zu der Vorstellung beigetragen haben mag, er könne der Hitze widerstehen oder sogar ein Feuer löschen.

Auch Paracelsus, ein Zeitgenosse Cellinis, verstand den Salamander als Elementargeist des Feuers. Im Gegensatz zur damals vorherrschenden Meinung hielt er diese Echsen aber nicht für Geschöpfe des Teufels, sondern ihm und dem Menschen durchaus ähnlich – nur ohne Seele, wie Elfen, Zwerge, Meerjungfrauen und andere Elementargeister in Menschengestalt. Wieder andere Autoren hielten den Salamander für das Gegenstück zum Phönix, aus dem Feuer sich erhebend, vom Feuer ernährt und da selbst Feuer, nie vom Feuer verschlungen.

Was ist von diesem ›geistigen‹ Salamander, der in der Vorstellung vieler Menschen einst überaus rege war, noch geblieben? So gut wie nichts. Die Zoologie hat alles auf die empirisch-physische Ebene verlagert, man kann auch sagen: heruntergeholt. Für sie ist der Feuersalamander ein Molch, der eine Länge von 23 Zentimetern erreichen kann und auf glänzend schwarzem Grund mit großen, unregelmäßigen, prachtvoll goldgelben Flecken gezeichnet ist. Der Körperbau ist eher plump, der Schwanz fast »drehrund« (noch eine Wortfindung von Alfred Brehm). Der scharfätzende Saft, den die Hautdrüsen absondern und der Plinius zu seinen fürchterlichen Übertreibungen animiert hatte, schützt die Lurche vor ihren Feinden. Er kann ein Brennen verursachen, auch eine schwache Entzündung der Schleimhäute des Gegners, doch sind die Wirkungen des giftigen Saftes stets maßlos übertrieben worden.

In den Alpen wird der Feuersalamander, für uns das Vorbild der nach ihm benannten Gattung, durch eine verwandte Art, den Alpensalamander vertreten. Dieser ist viel kleiner, etwas agiler und ganz ohne Flecken. Der glänzende Leib ist durchgehend schwarz. Alfred Brehm schildert ein hübsches Detail:

Ein blasser blinder Grottenolm mit den charakteristischen Ohrquasten.

> *Die alte Haut wird durch Muskeltätigkeit bis zum oberen Schwanzdrittel abgestreift, also nicht durch Reiben an Ästen oder Steinen; auf dem Schwanze wird sie sodann mit den Kiefern gepackt, vollends abgezogen und mit Behagen verspeist.*

Neben einer Unzahl weiterer Molcharten gibt es noch die Gattung der Brillensalamander, die vor allem in Mittelitalien und auf Sardinien vorkommen. Ihr Name rührt von der gelbrötlichen Zeichnung über den Augen her, die wirklich an ein modisches Brillengestell denken lässt. Überdies sind die Innenseiten der Beine und die Unterhälfte des Schwanzes schön karminrot gefärbt. Nennen die Italiener den Brillensalamander deshalb, wie Brehm vermutet, ›La Tarantolina‹?

Auch wenn ich mich von den ›trockenen‹ Eidechsen jetzt noch etwas mehr entferne, muss ich noch ein Wort zu den Olmen sagen, weil sie zu den merkwürdigsten aller Tiere gehören und seit ihrer späten Entdeckung die Aufmerksamkeit der Forscher und auch der Schriftsteller immer wieder auf sich gezogen haben. Im jüngsten Roman des slowenischen Schriftstellers Aleš Šteger taucht der Grottenolm als »transparente Eidechse« auf, und Jan Wagner hat ihm ein wunderbares Gedicht gewidmet:

grottenolm

I

kaum wirklicher als das einhorn
und selten wie sphinx oder drache,
für dessen brut man ihn hielt,
als er sich erstmals zeigte, medusenhaupt
im spiegel eines baches;
schneeweißer Fisch mit vier beinen,
wie die bauern ihn nannten,
dem schrei eines menschen.
Seine kunst: vergessen zu werden.
so wird er alt. So überlebt er
die nach ihm suchen.

II

in einem reich ohne licht
und ohne farben, ohne wind,
sitzt der olm, der keine feinde
außer der sonne hat, zarter als die arbeit

von glasbläsern ist, kaum schwerer als ein brief
und leichter als ein schluck wasser.
weiß er nichts von unserer welt
oder weiß er alles?
(…)

Diese Olme bilden eine sehr kleine Familie, die wie die Molche zur Gattung der Schwanzlurche gehört. Der Leib der Olme ist lang gestreckt, die vier Beine sind lächerlich und schwächlich, die Schnauze erinnert an einen Hecht und aus jeder Seite des Hinterkopfes ragt ein komischer mehrästiger Kiemenbüschel, der in der Tat an das Gewusel eines Medusenhauptes erinnern kann. Doch damit nicht genug. Die Augen sind gänzlich unter der Kopfhaut verborgen und daher äußerlich nicht sichtbar. Da die Olme fast ausschließlich in unterirdischen Gewässern wohnen, nennen sie die Bewohner der karstigen Gegenden in Dalmatien und Kärnten ›Wasserwühlerinnen der Finsternis‹ und, da ihre Haut rosa-fleischfarben getönt ist, auch ›Menschenfischlein‹. Nur bei herannahenden Gewittern kann es sein, dass der Olm seine Grotte mit schlängelnden, aalartigen Bewegungen verlässt und sich für kurze Zeit im Uferschlamm suhlt.

Intermezzo: Lurchi

Meine erste bewusste Begegnung mit einem Feuersalamander fand nicht in der Natur, sondern auf dem Papier, genauer: in Comic-Heften statt. Ich muss damals vier oder fünf Jahre alt gewesen sein. Ich brauchte neue Schuhe und meine Großmutter brachte mich zu einem Salamander-Schuhgeschäft. Diesen Schuhfabrikanten aus Kornwestheim hatte es, wie ich später las, schon vor dem Zweiten Weltkrieg gegeben. In der Zeit des Nationalsozialismus spielte er eine unrühmliche Rolle. Salamander beschäftigte Zwangsarbeiter und gehörte zu den deutschen Schuhunternehmen, die ihre Schuhe von Häftlingen im KZ Sachsenhausen testen ließen. Am Ende des Krieges hatte das Unternehmen 26 Prozent seiner Werkanlagen und die Hälfte der Verkaufsstellen verloren. Doch schossen in den frühen 1950er Jahren mit dem beginnenden ›Wirtschaftswunder‹ neue Filialen in allen bundesdeutschen Städten aus dem Boden. Diese Salamander-Kette fing an, die Kinder während des Schuhkaufs der Erwachsenen zu beschäftigen und sie selbst als Kunden zu gewinnen. In den Geschäften gab es, damals ungewöhnlich, Miniatur-Spielplätze mit kleinen Rutschbahnen und Minikarussells. Am begehrtesten waren die Lurchi-Hefte, die bei einem Schuhkauf gratis mitgegeben wurden. Lurchi war ein gelbgesprenkelter, possierlicher, äußerst munterer Salamander mit vorstehenden Augen und meist einem Jägerhütchen mit Gamsbart, manchmal auch einer Schiebermütze auf dem Kopf. Auf seinen Abenteuerreisen fand er schnell gute Freunde. Ohne Igelmann, Mäusepiep, Unkerich, Hopps und Piping hätte er so manche brenzlige Situation kaum meistern können. Aber die zentrale Botschaft war: Wenn Du mit beiden Beinen und vor allem in solidem und passendem Schuhwerk sicher auf dem Boden stehst, muss dir vor nichts bange sein.

Die Geschichten waren von unfassbarer Schlichtheit. Durchgehende einfache Paarreime verstärkten diese Schlichtheit noch. Was immer geschieht – eine Riesenkrake zerdrückt ein Schiff, ein wild gewordener Keiler wird im Netz eines Fußballtores gefangen –, immer siegt Lurchi. Immer lassen ihn seine Salamander-Schuhe als Sieger über die Zielgerade gehen. In einem Boxkampf zieht er sogar Salamander-Schuhe über seine Hände und versetzt dem schwergewichtigen Hamsterstampf eine Rechte, die ihn ins Nirvana befördert.

Wir Kinder waren auf jedes neue Lurchi-Heft scharf. Lurchi avancierte schnell zur Kultfigur, zum Comic-Superhelden. Das war umso verrückter, als man sich nichts Unterschiedlicheres von einem realen Feuersalamander vorstellen konnte. Ein Salamander geht nicht aufrecht auf zwei Beinen, er kriecht. Er ist nachtaktiv und scheut das Tageslicht. Er bezwingt nicht rauchende Vulkane und pflanzt nicht auf ihnen seine Flagge auf, so wie das Titelbild der lustigen Salamandergeschichten der 21. Folge hier vermuten lässt. Für den kindlichen Leser spielte all das keine Rolle. Auch für mich nicht. Es ist in diesem Zusammenhang bemerkenswert, dass es vor allem Tiere sind, die immer wieder für außerordentlich erfolgreiche Comic-Figuren herhalten müssen. Der Esso-Tiger fällt uns ein, dann Mecki aus der Zeitschrift *Hörzu,* der mit einem Igel so gar nichts gemein

Das Maskottchen der Firma Salamander beim Bezwingen eines Vulkans: Ein Heft-Cover von 1959.

hat, und natürlich Walt Disneys berühmte Familie Duck aus Entenhausen.

Im Gegensatz zu diesen stets voll bekleideten Klassikern trug Lurchi nichts anderes am Leib als sein solides Schuhwerk. Doch haben groteskerweise Prüderie- und Korrektheitswellen den nackten Salamander vergleichsweise früh erfasst. Wer heute auf Lurchis Website geht, erblickt einen schamhaft eingekleideten Schwanzlurch. Dieser ängstliche Relaunch aus dem Jahre 2000 ist einer der vielen Irrtümer in Lurchis wechselvoller Geschichte. Darf Lurchi nicht mehr nackt sein? Die Comic-Hefte hatten doch eines ganz deutlich gemacht: Wer Salamander-Schuhe trägt, braucht keine andere Kleidung mehr.

In bisher 158 Cartoon-Heften wurden die Abenteuer unseres Nacktwanderers unter den Superhelden aufgeschrieben. Die Gesamtauflage liegt heute bei weit über einer Million. Der Erfolg der Lurchi-Geschichten und das besondere Lurchi-Flair sind vor allem Erwin Kühlewein, dem Werbeleiter der ersten Stunde, und Heinz Schubel zu verdanken, der die Ideen Kühleweins zeichnerisch in Szene setzte. Noch heute, so viele Jahre später, höre ich die Lobeshymne auf Lurchi, mit der jede Geschichte ihren Abschluss fand:

Lange schallt's im Walde noch:
Salamander lebe hoch!

Geschichten von Schutz und Gefährdung

»Die zuständige Naturschutzbehörde ist derzeit in der Anhörung zur Sondergenehmigung für die Vergrämung der Zauneidechsen.« So lautet in sonderbarem schrecklichem Amtsdeutsch eine Mitteilung der Berliner Senatsverwaltung für Stadtentwicklung vom März 2018. Was für eine Geschichte verbirgt sich hinter diesem Communiqué? Im Treptower Park gibt es ein Massengrab für sozialistische Skulpturen. Die prominenteste der 129 Plastiken ist die vormals in Berlin am Platz der Vereinten Nationen stehende Lenin-Skulptur, die 1991 im Berliner Stadtteil Friedrichshain abgerissen, in 111 Teile zerlegt und hier, in Treptow, im fernen Forst vergraben wurde. Der Kopf, nur der neun Meter hohe und 3,9 Tonnen schwere Lenin-Kopf sollte nun wieder ausgebuddelt werden für eine Ausstellung im neuen Museum der Zitadelle Spandau, mit dem Titel: »Enthüllt. Berlin und seine Denkmäler«. Nun sind ausgerechnet auf dieser letzten Ruhestätte im Treptower Forst im Laufe der letzten Jahre viele Zauneidechsen heimisch geworden. Denn der Boden war etwas lockerer und gut zu graben, ein bisschen Sand eignete sich für die Eiablage, es gab Sonnenplätze und Baumstümpfe und keine geschlossene Moos- und Krautschicht. Die geplante Exhumierung des Lenin-Kopfes bedrohte nun diesen Lebensraum. Es folgte im Bezirksparlament ein heftiges Geplänkel zwischen der Leiterin des Kulturamts, die den spektakulären Lenin für ihre Ausstellung unbedingt haben wollte, auf der einen und Grünen und Piraten auf der anderen Seite. Dem ›Eidechseln‹, einem übrigens von Robert Walser erfundenem Verb, im Treptower Forst sollte kein Ende bereitet werden. Schließlich wurde ein wissenschaftliches Konzept für den Echsen-Exodus in Auftrag gegeben und vom Bezirk bezahlt. Das Resultat war ein siebzehnseitiges Bergungskonzept samt sechsseitigem Anhang sowie der zwölfseitigen Expertise eines ungenannten Diplombiologen. Die Zauneidechsen durften von einem circa 50 Zentimeter hohen Fangzaun aus Folien mit Eimerfallen, wie er für die Rettung von Kröten schon an anderen Stellen erprobt worden war, in ein anderes, frisch gemähtes und nur leicht gerodetes Forststück herüberkrauchen, bevor die Bagger anrollten. Angeblich half ein Förster nach und sammelte täglich vergrämte Echsen in den am Zaun ausgelegten Puddingbechern ein und trug sie weg von Lenins Hügel zu diesem Zweitwohnsitz, mit dem sich dem Vernehmen nach die Echsen inzwischen ganz gut abgefunden haben.

Das ist, im Kleinstmaßstab, eine rührende Geschichte, und es ist tröstlich, dass sie sich in abgewandelten Formen in vielen Regionen der Welt wiederholt. Umweltexperten, Biologen, Tierschützer und Tierliebhaber zeigen sich standhaft, führen Kreuzzüge gegen tierfeindliche Pläne und kämpfen für den Erhalt angestammter Lebensräume. Diese Initiativen sind die berühmten Tropfen auf dem heißen Stein, winzige Schutzzonen in einer Welt, in der von Menschen geführte Unternehmen bedenkenlos ganze Biotope großflächig zerstören oder so verändern, dass für Reptilien oft die letzte Stunde geschlagen hat.

Über ein Kuriosum berichtete die *New York Times* im letzten

Blume im Haar, rote Kirschen, schmerzverzerrte Mimik – da ist die dunkle Eidechse kaum zu sehen. Caravaggios Knabe, der von einer Eidechse gebissen wird, *um 1595.*

Jahr. Es geht um Dominikanerinnen in Mexiko, um einen Querzahnmolch, den die Indios und die Nonnen ›Achoque‹ nennen, und um einen der größten, inzwischen stark verschmutzten Seen Mexikos, den Pátzcuaro-See, in dem diese Molche über

Jahrhunderte heimisch waren. Fast ebenso lange Zeit stellten die Nonnen aus der Haut dieser Fischlurche einen Hustensirup her, dem in der Region Heilkräfte zugeschrieben werden und der sich sehr gut verkaufte und verkauft. Der wissenschaftliche Name der ›Achoque‹ ist *Amblystoma dumerilii,* benannt nach ihrem Erforscher, dem französischen Zoologen André Duméril. Ihre Haut hat die Farbe von Dijon-Senf, ihr Aussehen erinnert an kleine körnige Ungeheuer mit langen, lustig wehenden Kiemenbüscheln. Diesen ›Achoque‹ ging es nun immer schlechter, weil sie über Jahrzehnte ausgebeutet wurden und die Fangquoten bis 1988 sehr hoch waren, außerdem in den See unkontrolliert Kloakenwasser und Abfall gelenkt wurden, die Verschmutzung enorm zunahm und gleichzeitig der See drastisch absank und durch lange Dürren fast ein Viertel seines Wasservolumens verlor. Ein Klosterbruder riet den Nonnen, mit einer eigenen Zucht zu beginnen. Heute stehen in dem Konvent in einem großen Raum über dreißig sehr gepflegte Aquarien, in denen sich mehr als 400 ›Achoque‹ tummeln. »Es geht uns um zweierlei«, sagte Schwester Ofelia Morales Francesco dem Reporter der *New York Times,* »wir wollen unser Hustensaft-Geschäft natürlich weiterführen, vor allem aber wollen wir diese Gattung Molche beschützen, deren Überleben so stark gefährdet ist.« Biologen, die das Kloster regelmäßig besuchen, schließen nicht aus, dass eines fernen Tages, wenn der See gesäubert wurde und die Wasserqualität wieder normalen Standards entspricht, ein Teil der Kloster-Salamander in ihren ursprünglichen Lebensraum, den Pátzcuaro, rückübersiedelt werden kann. Die mexikanische Regierung hat das Projekt jedenfalls anerkannt; in dem Raum, in dem die Nonnen ihren

Sirup verkaufen, prunkt an einer Wand in großen gemalten Lettern: ›Jimbani Erandi.‹ In der Sprache der Einheimischen heißt das: »Anbruch einer neuen Zeit«.

Aber ist ›eine neue Zeit‹, in der die Lebensformen der Echsen besser geschützt werden, überhaupt in Sicht? Scheint es nicht eher so, dass Unvernunft und Rücksichtslosigkeit der Menschen zunehmen? Dass die Menschen, die so selbstherrlich das eigene Existenzrecht in Anspruch nehmen, das gleiche Existenzrecht einer lebenden Natur absprechen? Dass mit dem exponentiellen Wachstum der Menschheit noch mehr Autobahnen gebaut, noch mehr Staudämme errichtet, noch mehr Wälder gerodet, noch mehr Pestizide gebraucht werden? Das sogenannte Washingtoner Artenschutzübereinkommen wurde 1973 unterzeichnet; 1976 trat die Bundesrepublik Deutschland dem Abkommen bei. Im gleichen Jahr wurde das Bundesnaturschutzgesetz verabschiedet. Seither, also seit mehr als 40 Jahren, haben beide Regelwerke für uns Gesetzeskraft. Aber hat dies viel bewirkt? Das Artenschutzübereinkommen betrifft in erster Linie den internationalen Handel mit gefährdeten Arten freilebender Tiere und Pflanzen. In vielen Ländern, in denen dieser Handel seinen Ausgang nimmt, in Afrika, in Südostasien, in Lateinamerika, wird das Gesetz nur sehr lückenhaft angewandt. Genaue Zahlen fehlen. In der Bundesrepublik gilt das Bundesnaturschutzgesetz, das zum Beispiel die Zauneidechsen zu den streng geschützten, weil arg gefährdeten Tierarten rechnet. Auch in der EU ist Artenschutz groß geschrieben. Eine Fauna-Flora-Habitat-Richtlinie sieht vor, dass bei Vorhaben und Eingriffen in die Natur, die sich auf Tierbestände auswirken können, nachzuweisen ist, dass eine solche Bedrohung

Nachhilfe in Astronomie. Aus einer Postkarten-Serie mit Sternbildern, um 1930.

nicht eintreten wird. Auch besondere Schutzgebiete werden ausgewiesen. Zum Beispiel gehört der schon erwähnte Grottenolm zu den ›prioritären Arten‹, deren Areale zum Überleben zu sichern sind. In der Tat ist das Karstgrundwasser, in dem die Grottenolme sich in erster Linie bewegen, sehr empfindlich gegenüber Verschmutzung. Abwässer der Elektroindustrie und arsenhaltige Pestizide, vor allem aus dem Weinbau, haben das Wasser stark verunreinigt. Auch wenn es wegen der Unwegsamkeiten im Karst nicht mit gesicherten Zahlen belegt werden kann, geht man von einem Rückgang der italienischen und slowenischen Populationen aus.

Sind Echsen zäh? Sind sie so widerstandsfähig, wie es der Eintrag des Kapitäns des Salamander Starship in seinen Log im stellaren Jahr 3324 vermuten lässt? Dieser Eintrag lautet wie folgt:

> *Haben Überreste einer verschwundenen Zivilisation auf Terra entdeckt, dem dritten Planeten im Sonnensystem Los. Vorbericht deutet auf die für Phase 3 typischen Evolutionsfehler hin: fortgeschrittene Technologien, rudimentäre öko-soziopolitische Übereinkünfte, die zu einer irreversiblen Degradation der Umwelt und einer vorzeitigen Auslöschung höherer vertebraler Lebensformen führt. Terra jetzt ein von Mikro-Organismen bevölkerter Wüstenplanet mit toxischer Atmosphäre. Einzige beachtenswerte Anomalie: Spuren primitiver salamandrischer Lebensformen finden sich in den Ruinen der ehemaligen terrestrischen Zivilisation. Empfehlen Entsendung eines interdisziplinären Teams mit Archäologen, um mit Nachforschung zu beginnen.*

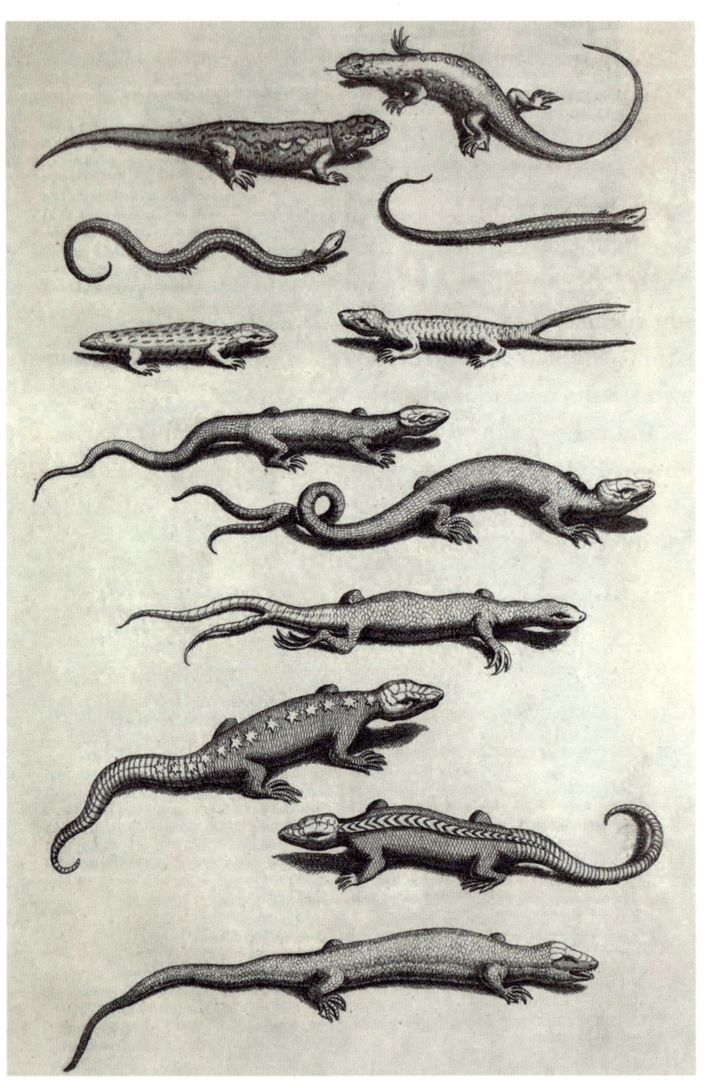

Ein Wimmelbild aus einer ›Naturgeschichte der Vierfüßler‹ von 1657.

Die allgegenwärtige Eidechse

I am the lizard king
I can do anything
I can make the earth stop in its tracks

Ich bin der König der Eidechsen
Ich kann alles, sogar hexen
Ich habe die Welt stillstehen lassen

JIM MORRISON, *»Celebration of the Lizard«*

Wie ist Jim Morrison, Rock-Ikone der 60er Jahre, auf die Eidechse gekommen? Warum trägt seine Biografie den Titel *Der König der Eidechsen,* nach einem seiner berühmtesten Gedichte? Es muss hier einen coup de foudre gegeben haben. Zunächst dachte ich, er sei ausgelöst worden von psychedelischen Erlebnissen, von berühmten Comic-Serien, Vorläufern der Enigma-Bände, die sich mit Eidechsen und Geistern befassten. Aber in einem der letzten Interviews vor seinem Tod – mit der Los Angeles Free Press im Frühjahr 1971 – erzählte er dem Reporter, dass er als Junge ein Buch über Eidechsen und Schlangen und Reptilien besaß. Der erste Satz darin habe ihn richtig umgehauen: »›Reptilien sind die interessanten Abkömmlinge großartiger Vorfahren.‹ Außerdem sind sie ein totaler Anachronismus«, so Jim Morrison weiter in dem Interview, »sie könnten, falls irgendeine Kreatur dazu in der Lage wäre, einen weiteren

Tiere im Dickicht: Richard Seewald, Katze mit Salamander, *1933.*

Weltkrieg überleben oder etwas wie die totale Vergiftung des Planeten.«

Auf die Frage des Reporters, ob dies zu seinem Selbstbild passe, antwortete Jim Morrison:

> *Wir sollten nicht vergessen, dass Eidechse und Schlange mit dem Unbewussten und mit den Mächten des Bösen identifiziert werden. Das Stück* Celebration of the Lizard *war eine Art Einladung an die dunklen Mächte. Alles mit einem Quäntchen Ironie, versteht sich.* (…) *Auf einem viel einfacheren Level habe ich Reptilien schon immer gern gemocht. Ich bin im Südwesten aufgewachsen und habe*

Hornkröten und Eidechsen gefangen. (…) Es gibt etwas tief in der menschlichen Erinnerung, das auf Schlangen reagiert. Eine Schlange verkörpert einfach alles, was wir fürchten. Aber ihre Häute sind ungemein schön. Ich schätze, dass sie deshalb so in Mode sind.

Wer wie Jim Morrison schon früh die schöne Fremdheit der Echsen erfahren hat, ist offenbar für immer gezeichnet und stößt bald überall auf sie. Auch heute, von Animationsfilmen bis zur Gucci-Werbung, auf die ich später noch kommen werde, ist die Eidechse, vornehmlich in ihrer schlanken, grasgrünen Gestalt, für den, der Augen für sie hat, omnipräsent.

Vielleicht begann alles mit Ovids *Metamorphosen*. In einem Gesang verwandelt die Göttin Ceres den Knaben, der sie als Säuferin verspottet, in eine ›buntscheckige Eidechse‹:

Sie war gekränkt, und weil sie noch nicht ganz ausgetrunken hatte, begoss sie den Schwätzer mit dem malzvermischten Trank. Sein Gesicht bekam davon Flecken, was er eben als Arme noch regte, regt er nun als Beine und an die verwandelten Glieder fügt sich ein Schwanz. Auf geringe Größe, damit die Macht zu schaden nicht zu groß sei, schrumpft er und ist weniger lang als eine winzige Eidechse.

Soweit Ovid. Die Naturforscher der Antike, allen voran Plinius, haben sich in der Beschreibung von Krokodilen, Echsen und Schlangen gegenseitig überboten. Hier, als ein Beispiel, der Passus über das Chamäleon vom fabulierfreudigen Plinius:

Afrika ist fast das einzige Land, wo keine Hirsche vorkommen; allein das Chamäleon lebt dort, doch findet sich dieses noch häufiger in Indien. An Gestalt und Größe würde es einer Eidechse gleichen,

wenn seine Beine nicht gerade und länger wären. Die Seiten bilden mit dem Bauche ein Ganzes, wie bei den Fischen, auch hat es, wie diese, eine Rückenflosse. Die Schnauze ist einem Schweinsrüssel im Kleinen ähnlich, der lange Schwanz läuft in eine Spitze aus und wickelt sich schlangenartig im Kreis herum. Die Krallen sind gekrümmt; es bewegt sich langsam wie eine Schildkröte; der Körper ist rau wie beim Krokodil; die Augen liegen in einer hohlen Vertiefung, sind durch eine schmale Wand voneinander getrennt, sehr groß und ebenso wie der Körper gefärbt; es schließt sie nie und bewegt beim Umsehen nicht nur die Pupille, sondern wendet das ganze Auge. Es sitzt hoch mit stets offenem Maule und ist das einzige Thier, welches weder Speise noch Trank zu sich nimmt, sondern bloß von der Luft lebt. Zur Zeit der Feigenreife ist es wild, sonst aber unschädlich. Merkwürdig verhält es sich mit seiner Farbe; es verändert nämlich dieselbe zuweilen, sowohl an den Augen wie am Schwanze und dem übrigen Körper. Man sieht immer die Farbe desjenigen Körpers an ihm, welchen es zunächst berührt, mit Ausnahme der roten und der weißen. Nach dem Tode ist es blasser. Fleisch hat es am Kopfe, den Kinnbacken und da, wo der Schwanz fest sitzt, nur sehr wenig, und sonst am ganzen Körper gar keins. Blut findet sich nur im Herzen und um die Augen. Unter den Eingeweiden fehlt die Milz. In den Wintermonaten hält es sich verborgen, wie die Eidechsen.
(NATURALIS HISTORIA, VIII, 51).

Bei den alten Ägyptern, um in der Zeit etwas zurückzuspringen, spielte die Eidechse ein reines Nischendasein. Sehr selten taucht sie auf pharaonischen Tempelwänden im Relief auf. Offenbar war sie ein Modul bei dem Entwurf von Hieroglyphen, die sich mit der Reptilienwelt befassen. Die wirkliche Prominenz wurde Sobek zuteil, dem wichtigsten Gott zahlreicher Krokodilkulte. Verehrt in der Oase Fayyum und in dem Tempelbezirk Kom Ombo in Oberägypten wird er als Mensch mit Krokodilskopf dargestellt. Als Gott des Wassers brachte sein Schweiß den Nil hervor und machte, so die alten Inschriften, »das Kraut grünen«.

In den frühen Kulturen wurden die Eidechsen als wundersame, scheue, auch nützliche Tiere wahrgenommen. Erst im Mittelalter bekamen sie einen schlechten Leumund und wurden den ›verachteten‹ Tieren zugerechnet. Viel Humbug und Aberglaube waren im Spiel. Typisch die Legende zu einem mittelalterlichen Holzschnitt von ca. 1600, der eine Eidechse und einen Salamander (eine ›Molle‹) darstellt:

> *Eydechs ist ein wurm uff vier füssen / pfeifet wie ein schlang / hat auch einen solchen schwanz / und ein zwifaltig härrin gespaltene zung / Hat kein gedächtnis / darum schlafft es nicht. / Es vergißt an welcher statt es geboren hat. // sein blut stärcket das gesicht / und sein kaat dienet den augenflecken und dem jucken / schärpffet das gesicht und macht eine gut farb. Das fleysch von Eydechs ist tödtlich. // Mollen dienen in Arzneyen im aussetzen von grind und reude. / sein Fleysch wirdt in honig zu solchem gebrauch gehalten.*

Bemerkenswert ist eine Skulptur aus Kalkstein in der gotischen Kirche St. Sebald in Nürnberg. Sie zeigt von vorn einen stattlichen Mann in fließend langem Gewand. Gehen wir um die Figur herum, entdecken wir, dass sein Mantel hinten offen ist. Wir sehen einen Leib im Zustand völliger Auflösung. Ungeziefer hat sich an Milz und Leber festgesetzt, eine Schlange windet sich das Rückgrat entlang, Echsen schauen aus Schwären, Kröten aus Fleischhöhlen. Viel Schauder also, und latenter Ekel. Auf der anderen Seite herrschte aber auch eine große Faszination. So tauchen in den ›Naturalienkabinetten‹ und den Wunderkammern des 17. Jahrhunderts neben Einhörnern, Nautilusmuscheln, Korallenbäumen und Krokodilen auch ausgestopfte Eidechsen auf. Mit dem Aufflammen des naturwissenschaftlichen Interesses und der Vermehrung absonderlicher Sammlungen in den erwähnten Wunderkabinetten setzte auch eine Flut von Büchern ein, die akribisch alles aufzulisten versuchten, was auf der Erde, im Wasser und in der Luft ›kreucht und fleucht‹. Jacobus Bontius' *Historiae Naturalis* von 1658 (mit fabelhaften Echsendarstellungen im Fünften Buch) und Reiseberichte aus dieser Zeit lassen etwas von dieser Faszination ahnen. So listet zum Beispiel im Siebenten Brief der *Relation d'un Voyage du Levant, fait par ordre du Roi* von 1717 sein Verfasser Joseph Pittou de Tournefort die Fauna der griechischen Insel Delos genauestens auf:

> *Wir sahen dort einige Vipern & Erdkrokodile (crocodiles de terre); das sind schöne Eidechsen von 9 bis 10 Zoll Länge, dem normalen Krokodil in allen Aspekten ähnlich; die Haut dieses Erdkrokodils ist grau und weist kleine spitze Erhebungen auf, schuppengleich; diese Tiere sind nicht bösartig, und die Kinder in Mykonos nahmen sie aus den Spalten der Steinmauern und brachten uns mehr davon, als uns lieb war.*

Verallgemeinernd lässt sich vielleicht sagen, dass im Mittelalter und in der Renaissance den Eidechsen in der bildenden Kunst mehr Gerechtigkeit widerfuhr als in der Literatur. Albrecht Dürer hat auf seinem berühmten Kupferstich *Ritter, Tod und Teufel* von 1513 eine fränkische Zauneidechse fast lebens-

Kleines Tier mit großer Signalwirkung: Lorenzo Lotto, Porträt eines jungen Edelmannes in seinem Studierzimmer, *1527.*

echt dargestellt. Ihr Körper ist sehr fein ausgearbeitet, typisch für die Renaissance-Künstler der Zeit, die ein brennendes Interesse an naturwissenschaftlichen Erkenntnissen und an Anatomie auszeichnete. Interessant ist, dass der Tod auf dem Bild nur zu dem Ritter spricht, nicht zu dessen Pferd, auch nicht zu dessen Hund, und erst recht nicht zu der Eidechse, die ihren eigenen Weg kriecht. Sie läuft der allgemeinen Marschrichtung entgegen und lässt erkennen, dass sie nicht zu den Tieren gehört, die – wie Pferd und Hund – von Menschen gezähmt wurden. Fast um die gleiche Zeit, in der italienischen Renaissance, hat Lorenzo Lotto das *Bildnis eines vornehmen jungen Mannes im Studierzimmer* gemalt. Das berühmte Bild hängt in der Gal-

Alles Natur: Jan Baptist van Fornenburgh, Stillleben mit Papageientulpe, Rose, Maus, Eidechse und Biene auf Steinsockel mit rotem Admiral und Spinne in ihrem Netz darüber, *17. Jahrhundert.*

lerie dell' Accademia in Venedig und zeigt einen jungen, grüblerischen Mann in einem eleganten, ziemlich teuren schwarzen Gewand der Zeit. Er blättert gedankenverloren in einem dicken Folianten, schaut aber nicht in dessen aufgeschlagene Seiten, sondern den Betrachter an. Auf einer blauen Fransendecke liegen Briefe und Rosenblätter. Nach der damaligen Bildsprache können diese Blütenblätter als Zeichen von Liebeskummer gedeutet werden oder auch als Hinweis auf eine Krankheit des jungen Mannes, auf Depression oder tiefe Melancholie. Über die Decke kriecht eine fahlgelbe Eidechse, gut ausgeleuchtet, die sicherlich symbolisch zu deuten ist. Aber es ist schwierig, im Abstand von rund 500 Jahren diese aufdringliche Symbolik – feinste Rosenblätter, aufgebrochener Brief, Eidechse mit aufmerksam erhobenem Kopf – zu dekodieren. Und der Interpretationen gibt es viele, auch sich widersprechende. So hält die Literatur- und Kunstkritikerin Verena Auffermann die Eidechse für ein phallisches Symbol, während andere darauf verweisen, dass im 16. Jahrhundert die Eidechse – wie auch die Schnecke – ein Symbol für tugendhaftes Leben war. Wieder andere meinen, die Eidechse gelte als Zeichen für das Bewahren ›kalten Bluts‹ im Angesicht von großen persönlichen oder gesellschaftlichen Veränderungen.

In den Bildern der Renaissance tauchen die Eidechsen nicht häufig auf. Wenn sie es tun, haben sie eine große Signalwirkung. Das gilt besonders für Eidechsen auf Stillleben, die Ende des 16. und in der ersten Hälfte des 17. Jahrhunderts entstanden sind. In den Blumenstillleben flämischer Meister – wie z. B. von Jan Baptist van Fornenburgh (1585–1649) – werden die Blumen von Hummeln und Schmetterlingen und Insekten aller Art umschwirrt, die von einer wunderschön gemalten und deshalb fast schon zu dekorativ wirkenden Eidechse beäugt werden. Ganz anders die schummerige Unterwelt des niederländischen Malers Otto Marseus van Schrieck (1620–1678). In den von ihm erfundenen ›sottobosco‹, zu Deutsch ›Waldbodenstillleben‹, bleibt die Eidechse unter ihresgleichen. Sie teilt sich das dunkle, menschenferne Terrain mit Schlangen, Kröten, Schmetterlingen und gelegentlich einem Chamäleon.

Auf einem Waldboden, so dunkelfeucht wie ihn nur Otto Marseus von Schrieck malen kann, entfaltet sich ein Drama.

Wer erhascht den Weißling? Eidechse oder Schlange?

Otto Marseus van Schriek wohnte in einem Haus vor den Toren von Amsterdam. Auf dem Grundstück legte er ein Reptiliengehege an, entsprechend den Leidenschaften der Zeit für Studiengärten und Treibhäuser. Die Zeitgenossen nannten das Anwesen von Marseus van Schriek ›Wasserreich‹, weil sich dort Amphibien aller Arten tummelten. Angeblich küsste Marseus van Schriek seine Kröten und »liebte sie zärtlich«, so der nicht mehr nachprüfbare Bericht eines Besuchers. In seinen Bildern gelingt ihm immer wieder, mit subtilen Farbabstufungen und einer extrem genauen Pinselführung die perfekte Illusion zu erzeugen. Der Betrachter meint den feuchten, moosigen Waldboden unter seinen Füßen, die glatten Schuppen des Schlangenkörpers und die runzlige Haut der Kröten an den Fingerkuppen zu spüren. So naturgetreu und so penibel also die Darstellung der Echsen auf seinen Gemälden ist, so frei erfunden sind die Situationen, in denen seine Tiere agieren. Mit barocker Lust inszeniert Marseus van Schriek wenig wahrscheinliche Szenen vom Jagen, vom Fressen und Gefressenwerden – die Jagd der Schlangen auf Schmetterlinge, der Nahkampf zwischen einer Zornnatter und einer Kröte, der Streit eines weißen Chamäleons und einer fetten Kröte um ein Pfauenauge – und taucht diese Szenen in ein effektvolles Zwielicht. Damit erzielt er eine Art magische Morbidität, die nur seinen Gemälden eigen ist. Die Kunstkritikerin Julia Voss nannte diese Bilder »heitere Anti-Paradiese« und erklärte die Leidenschaft der Medici, diese Bilder zu sammeln – allein fünfzehn Gemälde des Meisters befinden sich in Florenz –, mit der Dominanz der Schlange und, was ein hübscher Einfall ist, mit der obsessiven Beziehung der Medici zum Gift.

Auf diesem Aquarell hat Maria Sibylla Merian wieder eine blaue Eidechse dargestellt, dieses Mal blinzelnd und mit winzigem Nachkommen.

Die Eidechse als wichtiges Element in Stillleben setzt sich bis in das 18. Jahrhundert hinein fort. So gibt es zum Beispiel in dem Russischen Archiv der Wissenschaften in St. Petersburg ein prächtiges Aquarell von Maria Sibylla Merian, das Jatropha-Edelfalter mit geöffneten und mit geschlossenen Flügeln an einer Maniok-Pflanze darstellt. Dominiert wird das Bild aber von einer bläulichen Eidechse, angeblich einer in Guayana fast amphibisch lebenden Jacruarú, die im Geäst hochklettert und züngelt. Diese Eidechse erinnert in ihrer intensiv blauen Pigmentierung an die sogenannte ›Blaue Eidechse‹, eine Unterart der Ruineneidechsen, die in den vor Capri aus dem Wasser ragenden Felsen Faraglioni heimisch ist und dort ›Lucertola Azzurra‹ genannt wird.

In der modernen Kunst wandelt sich dann die Eidechse vom drachenähnlichen Geschöpf immer mehr zum rätselhaften Fabeltier, verspielt, lässig, am Horizont unserer Sehnsüchte entlangtänzelnd. Jean Cocteau hat im Innenhof des unter seiner Leitung geschaffenen Musée du Bastion in Menton auf einem Grund aus weißen Steinen eine Strich-Eidechse aus schwarzen Kieselsteinen geformt, fast so wie Kinder ein Strichmännchen kritzeln, munter und spillerig. Richard Seewald (1889–1976) malt, im Geiste des Bretonen Henri Rousseau, genannt ›Der Zöllner‹, ein tiefgrünes Dickicht, in dem eine schwarze Katze mit gelben Augen eine grüne Eidechse im Maul hält, während ein Feuersalamander versucht, sich in Sicherheit zu bringen. Die Katze starrt den Betrachter unverwandt an, verwunschenes Raubtier aus einem Märchen. Joan Miró stellt 1971 in Paris in der Galerie Berggruen *Le Lézard aux Plumes d'Or* vor, die Eidechse mit den goldenen Federn. Auch in jüngeren Papierarbeiten des Malers Max Neumann tauchen Eidechsen auf, feuerrot oder fahl orange, mit überlangem Schwanz und kralligen Tatzen. Neumann hat einen siebten Sinn, um das Kreatürliche zu erfassen, und er setzt es in ein rätselhaftes, nicht auflösbares Verhältnis zum Menschen. Auch bei ihm ist die Echse in einem geheimnisvollen Bereich angesiedelt, der an das Überwirkli-

Ein Rätselbild von Max Neumann, 2017. Macht sich der rote Gecko auf dem Glas auf und davon?

che grenzt. So ist es auch nicht weiter verwunderlich, wenn in Lewis Carrolls *Alice im Wunderland* eine Eidechse namens Bill auftaucht und eine mehrdeutige Rolle spielt. Alice hält sich mit Bill im Haus des weißen Kaninchens auf und schwillt, nachdem sie aus einer Flasche getrunken hat, so an, dass sie das Haus nicht mehr verlassen kann. Das Kaninchen will Bill sehen und ruft nach ihm. Alice befördert die Eidechse mit einem

Von einem Fußtritt befördert schießt Bill, die Eidechse aus Alice im Wunderland, *wie eine Rakete durch den Kamin. Eine Illustration von John Tenniel, um 1900.*

Tritt durch den Kamin »like a sky-rocket« ins Freie, wie eine Himmelsrakete. Die Szene hat durchaus phallisches Potenzial. Sie hat Illustratoren der Zeit zu merkwürdigen Bildern animiert, blassgelbe Eidechsen, die aus einem ziegelroten Kamin zwischen Rauchwolken in den blauen Himmel schießen.

Auch wenn unser Tier in der Literatur sicherlich keinen prominenten und schon gar keinen privilegierten Platz innehat, so spielen einzelne Autoren mit dem wohligen Schauder, den unheimlichen Gefühlen, die eine Echse auslösen kann. In dem Theaterstück *Die Nacht des Leguan* des amerikanischen Dramatikers Tennessee Williams, in dem zwei junge Mexikaner in der Nähe eines verfallenden Strandhotels am Rande des mexikanischen Dschungels eine Riesenechse fangen, kommt es zu folgender Schlüsselszene unter den Hotelgästen:

MAXINE: *Sie haben einen Leguan gefangen.*

SHANNON: *Das habe ich bemerkt, Maxine.*

FRAU FAHRENKOPF: *Was ist das, was ist los, eine Schlange, haben die eine Schlange gefangen?*

MAXINE: *Eine Eidechse.*

FRAU FAHRENKOPF *(mit übertriebenem Grauen): Brrr! Eine Eidechse!*

Aber meist nimmt sie in der Literatur diese tänzelnde, elegante, gelegentlich auch rätselhafte Position ein, die wir von der zeitgenössischen bildenden Kunst her kennen und der ein gewisses Verführungspotenzial zu eigen ist: Der Fred Astaire der Echsenwelt. Doch geht es nicht nur um fremdartige Anmut. In den zeitgenössischen Gedichten von italienischen, griechischen und nordafrikanischen Autoren schwingt etwas mit, worauf ich schon eingangs verwiesen hatte: Die Eidechse ist Emblem des Südens. Hitze, heißer Stein, Wucht des Lichts, Rascheln und Verschwinden, die panische Stunde des Mittags.

Hier nur drei Beispiele von vielen. Zunächst ein Gedicht des italienischen Literaturnobelpreisträgers Eugenio Montale:

Wenn die Eidechse schnellt,
von der Sonne gepeitscht,
aus den Stoppeln –

wenn das Segel treibt
und versinkt am Vorsprung
des Felsens –

das Geschütz des Mittags
leiser tönt als dein Herz
und geräuschlos die Uhr
deutet die Stunde –
....
und dann? Leuchten des Blitzes

mag umsonst euch wandeln in etwas,
das reich und selten. Anders war deine Art.

Dieses Gedicht ohne Titel erschien in Montales erstem in Deutschland erschienenen Auswahlband *Glorie des Mittags*. Das »Leuchten des Blitzes« verweist auf die Eidechse, die im Italienischen *lucertola* heißt. *Lux* klingt hier an, auch das lateinische *lucerna,* das semantisch sowohl ›Wärmeblitz‹ als auch Eidechse bedeuten kann. Das »Leuchten« assoziieren wir zudem mit den funkelnden Augen der Eidechsen und der Lichterfülltheit der Orte, an denen sie sich so gerne aufhalten.

Meine lieben Gedichte,
so klein und arrogant,
wie Geckos in einer Sommernacht,
die Finger ausgebreitet, lauernd auf den Wänden.

So umreißt die Mailänder Lyrikerin Anna Maria Carpi den Charakter ihrer Poesie, die eine Kunst der Plötzlichkeit auszeichnet. Und bei Richard Dove lesen wir in dem Gedicht »Auf ihrem Weg hierher«:

Die Eidechse schießt eine Mauer hinauf,
karge, schlecht gefügte Mauer,
hält inne, horcht, schaut, Inbegriff der Ruhe,
bis auf ihr Herz, ein Berserker in seinem zu engen Käfig.
So nah, so grasgrün; wir beäugen uns.

Bei den karibischen und afrikanischen Romanautoren spuken die Eidechsen schon in den Buchtiteln herum. Édouard Glissant, der große Autor aus Martinique, gab seinem ersten Roman den Titel *La lézarde, Die Eidechsin.* Es ist der Name des Flusses, der die Berge im Inneren einer Antilleninsel mit dem Meer verbindet und so den ›Weg der Welt‹ zeigt, von Gestein und Erde hin zum Ozean. Ein Roman des Angolaners José Eduardo Agualusa heißt *Das Lachen des Geckos.* In der Tradition des magischen Realismus erzählt ein Tigergecko eine traumverlorene, hochpoetische Geschichte, in der Jorge Luis Borges und Fernando Pessoa munter durch die Seiten geistern. Offenbar haben die Geckos Konjunktur. In diesem Kontext fällt auf, dass konsumorientierte Unternehmen angefangen haben, die Eidechsen und ihr Habitat zu Werbezwecken zu nutzen. Auf dem orangefarbenen Etikett eines sizilianischen Weines prangt eine schlanke Mauereidechse. In Wellington auf Neuseeland betreibt die Tuatara-Brauerei den Pub The Third Eye, benannt nach dem charakteristischen Scheitelauge der Brückenechse, die – Sie erinnern sich – in der Maori-Sprache Tuatara heißt.

Noch ein herrliches Wimmelbild, in dem das kleine Getier unter die Lupe genommen wird:

Menagerie der Medusa, *gemalt von Jan van Kessel um 1600.*

Das riesige Wandbild auf der Außenseite des Pubs zeigt eine grünbraune Echse mit einem Glas Craft-Beer und die Gäste nehmen gerne Tuatara-Flaschen mit, deren Hälse mit stilisierten Reptilienschuppen verziert sind. Eine österreichische Postkartenfirma verweist in einer Serie über Sternbilder auf das Sternbild der ›Eidechse‹, das »nahe Kepheus mit sehr viel kleineren Sternen« sei, das Ganze unter dem Motto: Lernt Sterne lieben. Von Lurchi mit den Salamander-Schuhen war schon die Rede. In Kinderbüchern läuft der kleine behände Drache der Eidechse immer noch den Rang ab, doch holt die Eidechse mächtig auf.

Die bislang größte kommerzielle Werbeaktion startete die Modefirma Gucci im Sommer 2017. Alle Gucci-Auslagen in Mailand waren mit laubgrünen Chamäleons und braunvioletten, durchaus stattlichen Leguanen dekoriert, die sich in einem quecksilbrigen Licht durch raffinierte Handtaschen und an edlen Schuhpaaren vorbei ihren Weg bahnten. Die Tiere wirkten fast lebensecht. So gut hatte der Hersteller gearbeitet, ein Künstler offenbar, der mit Plastilin und Farbe umzugehen wusste, dass man kaum merkte, dass den Echsen ihr eigentliches Potenzial, die latente Energie, fehlte – was sie allerdings erst recht faszinierend machte. Auch in großformatigen Anzeigen in allen Modejournalen der Welt tauchten die Gucci-Tiere auf, unübersehbare Chiffren für Schönheit und Fremdheit.

Epilog
Vom abgebrochenen und nachgewachsenen Schwanz

Das scharfe Licht der Mittagssonne lag auf den großen ausladenden Palmen, die die Uferpromenade von La Marsa säumen. Ich war nach mehr als zwei Jahrzehnten nach Tunis zurückgekehrt. Ich wollte die Orte der Kindheit besuchen, heraussehen, was sich verändert hatte. Die Bilder von damals hatte ich in mir gehortet; sie waren lebendig geblieben. In der äußeren Welt fand ich sie nicht mehr. Das Café Saf-Saf kam ohne das blinde Kamel aus, das unablässig einen Brunnen umrundet hatte, um Wasser zu schöpfen. Entlang der Uferstraße standen neue Häuser, auch ein edles Hotel, das Abou Nawas. Das Haus, in dem wir damals wohnten, gab es nicht mehr. Offenbar hatte es der jüdische Besitzer, Monsieur Tanugi, in den Wirren nach dem Sechstagekrieg verkauft. Der neue Eigentümer hatte es abgerissen und innerhalb der Kubatur, die noch zu erkennen war, eine schneeweiße, massive zweistöckige Villa errichtet. Teile des Gartens waren zementiert. Ich weiß nicht, ob die Kindeskinder der Mauereidechsen, mit denen ich mich damals unterhalten hatte, hier noch herumschwirrten. Es ließ sich nicht herausfinden. Das hellblaue Tor blieb verschlossen, trotz meines insistierenden Klingelns.

Farblich passend zu den Blättern: Jan Baptist van Fornenburg,
Blumenstillleben mit Eidechse.

Doch bleiben die ›tunesischen‹ Eidechsen auf andere Weise gegenwärtig. Ich verbringe jetzt viel Zeit in einer sizilianischen Stadt, in Ortigia, der auf einer Insel gelagerten Altstadt von Syrakus. Sie liegt auf dem gleichen Breitengrad wie Tunis (und Málaga und übrigens auch Antalya und Urfa). Ortigia ist eine helle kubistische Komposition, die mich trotz der vielen barocken Elemente immer wieder an nordafrikanische Städte denken lässt. Auch hier, auf unserer Terrasse und den angrenzenden Dächern, leben Mauereidechsen und eine allerdings extrem scheue Gecko-Familie. Als wir die Wohnung übernahmen, versuchte ich mit einem der Geckos – er war der einzige des Verbunds, der sich am frühen Abend zeigte, wenn ich die Lampen anmachte – eine Beziehung herzustellen. Auf Zypern, in Bellapais, war mir das einmal gelungen. Ein hellbrauner, fast durchsichtiger Gecko kam jeden Abend, blieb an der Wand auf der Höhe meiner Schreibplatte stehen und beobachtete mich beim Schreiben. Es wurde fast so etwas wie ein Ritual. Er hatte die Angewohnheit, mich anzustarren, bis ich den Blick senkte. Dann zog er weiter.

Der Gecko in Ortigia ist ein Fremder geblieben. Trotzdem sind diese Tage Eidechsentage, erfüllt von Licht und Wärme, von Stillstand und Verharren. Taucht eine Mauereidechse auf, mit ihren in der Sonne funkelnden grünbraunen Schuppen, mit faltiger Halskrause und züngelnder Zunge, ist es um mich geschehen. Es stellt sich wieder dieses Gefühl ein, das ich schon seit Langem kenne, – berührt zu werden von einer vorsintflutlichen Zeit. Die Bewegungen der Eidechse sind jäh, doch voller Anmut und verstärken dieses Gefühl der Überzeitlichkeit.

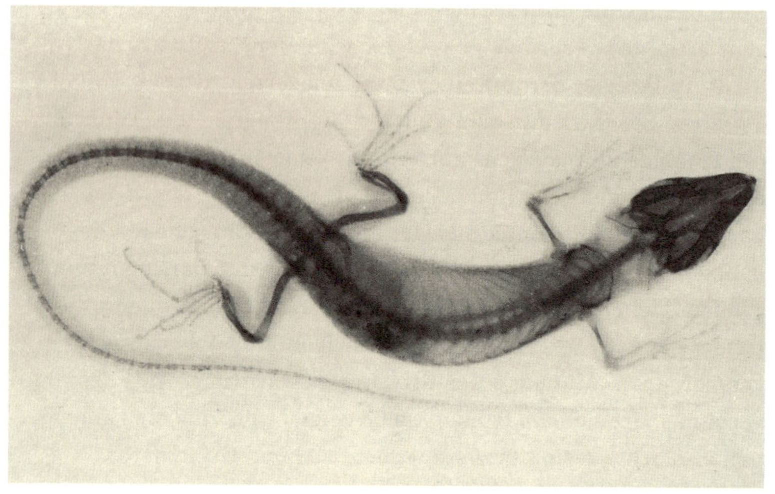

Ästhetische Tierversuche. Frühestes Röntgenbild einer grünen Eidechse, von Eduard Valenta, 1896.

Von einem Ereignis muss ich noch berichten, an einem späten Frühlingsmorgen im letzten Jahr. Wie immer hatten wir unsere Katze nach Syrakus mitgenommen. Sie schlief tief und fest in der Sonne, auf der Anrichte im Freien, neben einigen großen Tonschüsseln. Ein Bild des Friedens. So schnell geschah alles, dass ich den Ablauf im Einzelnen kaum fassen kann. Sie hatte sich urplötzlich aufgerichtet, war auf den Boden gesprungen, hatte einen Riesensatz gemacht und etwas Dünnes, Langes, Flinkes erwischt, das zu fliehen suchte, alles innerhalb von ein, kaum zwei Sekunden. Ich war wie gelähmt. Ich verstand nicht, wie unsere Katze die Eidechse hatte erhaschen können, die zwar in den Fächern Fliegen, Springen und Feuerspucken eine Null war, aber im Fach Ängstlichkeit eine Königin. Wie hatte sie sich in das Sonnenlicht wagen können, ohne sich vorher abzusichern? War es ihr noch nicht warm genug? Konnte sie deshalb die größte ihr mögliche Agilität gar nicht zeigen? Und doch entwischte sie den Krallen der Mörderin, ließ nur ihren langen Schwanz zurück. Dieser Schwanz zuckte, irrwischte, irrlichterte herum. Es war ein Veitstanz, ein Säbeltanz ohne Sinn und Verstand, wie die Zappelei einer geköpften Schlange, eines Huhns ohne Kopf. Die heftigen Kontraktionen dauerten etwa eine Minute. Diese Minute schien extrem lang. Die Eidechse entkam, der Schwanz erstarb nach letzten Zuckungen. Unsere Katze war zunächst irritiert, zeigte dann aber keinerlei Interesse mehr. Der Schwanz war in seiner Reglosigkeit plötzlich unbedeutend, er wirkte erbärmlich.

Ich kenne kein wissenschaftliches Buch über Echsen, das nicht eine längere Passage darüber enthält, wie diese Tiere bei Gefahr ihren Schwanz abwerfen und den abgebrochenen Schwanz binnen Wochen nachwachsen lassen können. Ein Echsenexperte ist so weit gegangen zu behaupten, dass Eidechsen mit einem intakten, nicht nachgewachsenen Schwanz eine Rarität seien. Aber in meinem nun schon langen Leben war ich nie Zeuge eines Schwanzbruchs gewesen, bis zu diesem morgendlichen Ereignis in Syrakus.

Im Sommer, den wir wieder einmal in Sizilien verbrachten, tauchte auf unserer Terrasse eine Eidechse auf. Färbung und Beschuppung des Schwanzes waren kaum anders als die des Restkörpers des Tieres. Trotzdem war ich mir sicher, dass es die von unserer Katze malträtierte Echse war, denn sie hatte auf der Bauchseite einzelne azurblaue Tupfen, die mir schon im Frühjahr aufgefallen waren und die in dieser Anordnung – zwei Rauten – und in dieser Leuchtkraft selbst bei sizilianischen Mauereidechsen selten sind. Ich war beruhigt. Die Geschichte von Bruch und Erneuerung stimmt also. Der Schwanz war nachgewachsen. Ich fing am nächsten Tag im Tal des Flüsschens Ciane ein paar Schmetterlinge und brachte sie ihr.

Portraits

Da es rund 2700 Echsenarten gibt, die unsere Erde bevölkern, die sich wiederum in etliche Unterarten und Familien auffächern, ist es völlig unmöglich, auf den folgenden Seiten auch nur im Ansatz den Hauch einer Vollständigkeit anzustreben. Daher ließ ich mich bei der Auswahl vor allem von zwei Anliegen leiten: zum einen die immense Bandbreite der Echsen- und Lurchwelt anzudeuten, vom Federbuschbasilisk im zentralamerikanischen Tropenwald bis hin zum Grottenolm im slowenischen Karst, und zum anderen auch die Eidechsen vorzustellen, die uns geläufig sind, die uns über den Weg laufen können, die heimische Zauneidechse also und den Mauergecko, den jeder Mittelmeerreisender schon einmal gesehen hat. So folgt, was in der Zoologie streng zu trennen ist, hier dicht und bunt aufeinander.

Zauneidechse
Lacerta agilis

Sand lizard

Lézard des souches

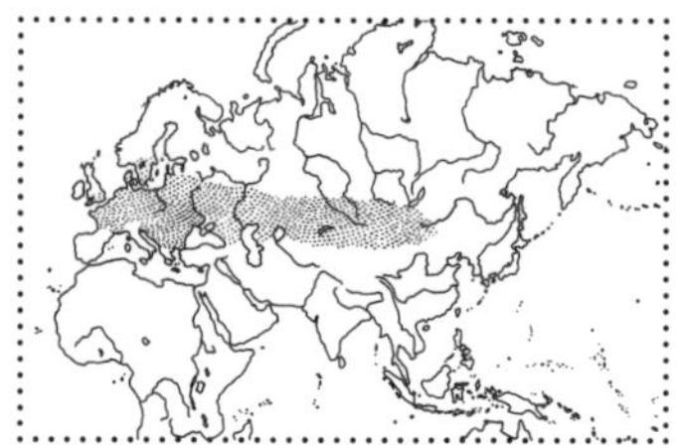

Wer im Sommer an Feld- und Waldrändern oder an Eisenbahndämmen entlangwandert, wird früher oder später eine Zauneidechse entdecken. In der Familie der ›echten Eidechsen‹, die wegen einer zwischen Kehl- und Brustschuppen liegenden charakteristischen Querfalte auch Halsbandeidechsen genannt werden, kommt sie am häufigsten vor. Ihr Verbreitungsgebiet ist riesig und reicht von Nord- und Mitteleuropa bis nach Zentralasien. Sie wird bis zu 20 Zentimeter lang, der Kopf ist verhältnismäßig dick, die Schnauze stumpf. Der Rücken ist mit kleinen, die Seiten sind mit größeren grauen, ins Bräunliche und Schwärzliche spielenden Schuppen bedeckt. Zur Paarungszeit färben sich diese Bauchseiten bei den Männchen grasgrün oder gelblichgrün. Bei den Weibchen herrschen weiterhin dämmerige Grau- und Brauntöne vor. Wie fast alle Halsbandeidechsen pflanzen sie sich durch Eier fort. Sie sind standorttreu, halten sich fast nur am Boden oder in Bodennähe auf und sind entgegen ihrer Artbezeichnung ›agilis‹ keine besonders flinken Geschöpfe. Meist überwintern sie in Erdlöchern, von Oktober bis Ende März. Zur Paarungszeit im Frühjahr liefern sich die Männchen die üblichen heftigen Imponierkämpfe. Wie die anderen ›echten Eidechsen‹ auch ernähren sie sich von Kleintieren, wie Würmern, Nacktschnecken und Insekten. Ihr Lieblingsgericht sind Weißlinge. Brehm berichtet, wie sie in einem Terrarium »wie Hunde sprangen«, als ihnen diese Schmetterlinge durch die Drahtmaschen geschoben wurden.

Östliche Smaragdeidechse
Lacerta viridis

European green lizard
Lézard à deux bandes

Wer ist die Schönste in unseren Breitengraden? Die Smaragdeidechse. Ihre Körperoberseite ist grasgrün mit zahlreichen schwarzen Tupfen. Oft schimmert dieses Grün in wunderbar lebhaften Abstufungen. Die Schildchen des Halsbandes bilden einen gezackten Rand und der elegante, dünn auslaufende Schwanz weist oft die doppelte Körperlänge auf. Besonders schmuck sind die Männchen zur Paarungszeit. Dann verfärbt sich ihre Kehle blau, der Bauch ist gelblich bis weiß.

Obwohl sehr sonnenhungrig, kann man die Smaragdeidechse nicht nur im flachen Land, sondern auch im Gebirge bis zu Höhenlagen von 2000 Metern antreffen. Sie ist ein stattliches Tier und kann bis zu 40 Zentimeter lang werden. Ihre Bewegungen sind schnell und anmutig. »Dem Blitze vergleichbar, kreuzt sie die Wege«, singt Dante von ihr. Wird sie verfolgt, sucht sie Unterschlupf in Steinhaufen oder unter Baumstämmen. Selten flüchtet sie auch auf Bäume. Im Spätherbst verkriecht sie sich in einem Schlupfloch im Boden, unter Baumstümpfen oder in Felsspalten. Diese Winterquartiere werden erst wieder im März oder April verlassen.

Sie ernährt sich von Heuschrecken, Schmetterlingen und anderen Insekten, sehr selten auch von Obst. Eine Freundin, Sibylle Kaldewey, berichtete mir, sie habe auf einer istrischen Insel unweit Rovinj ein Paar Smaragdeidechsen mit Tomatenstückchen gefüttert. Nach mehreren Besuchen hätten die als scheu geltenden Tiere sogar eine gewisse Zutraulichkeit entwickelt.

Sizilianische Mauereidechse
Podarcis wagleriana

Sicilian wall lizard

Lézard sicilien

Diese Eidechse gehört zur Familie der Mauereidechsen, die wir in allen Ländern des Mittelmeeres und auch auf allen seinen Inseln finden. Nahe Verwandte sind die Taurische Mauereidechse (Podarcis taurica) und die Ruineneidechse (Podarcis sicula). Die Schlankheit des Leibes, der schmalschnauzige Kopf und der spitz auslaufende Schwanz, oft doppelt so lang wie Rumpf und Kopf, machen die sizilianische Variante zu einer der zierlichsten und behändesten Eidechsen überhaupt. Da die geringsten Unebenheiten ihren schlanken, weit ausgreifenden und scharf bekrallten Zehen Halt gewähren, ist sie vielleicht die Einzige, die mit einem Gecko mithalten kann.

Ich kenne diese Eidechse vor allem aus verwilderten Gärten und Weinfeldern in der Nähe von Syrakus, aber auch von den felsigen Tälern von Pantalica. Dort, in der unendlichen Mittagsstille, leuchtet auf dem fast weißen Kalkstein der grüne, mit schwarzen Flecken versehene Rücken herrlich auf.

Es gibt, so Trutnau, auch einfarbig grüne Exemplare der sizilianischen Mauereidechse, doch sind sie selten. Zwischen Flanken und Bauchseite finden sich meist vereinzelte blaue Tupfen, der Schwanz ist braun und an den Seiten rötlich. Sie ernährt sich von Heuschrecken und anderen Insekten. Ihr Winterschlaf im Süden ist relativ kurz. Sie zieht sich erst im Dezember zurück und erscheint wieder Ende März, voller Energie und Rauflust.

Mauergecko
Tarentola mauritanica

Common wall gecko

Tarente de Maurétanie

Wer rund um das Mittelmeer reist, trifft immer wieder auf den Mauergecko, ein kleines Tier von 12 bis 16 Zentimeter Länge, dessen Schwanz die Hälfte des ganzen Körpers ausmacht. Er lebt in Küstennähe, aber auch in den karstigen Gebieten Dalmatiens, im griechischen Hinterland oder in den Wüstengebieten Mauretaniens. Wie die anderen rund 650 Geckoarten, die den Erdball bevölkern, hat er einen breiten Kopf, recht große vorstehende Augen und einen mehr oder minder plump wirkenden Körper von meist bräunlicher oder hellgrauer Färbung. Die Pupille bildet im hellen Licht einen senkrecht verlaufenden Spalt. Seine Zehen tragen auf der Unterseite Haftlamellen, sodass er selbst an glatten, senkrechten Wänden oder an einer Zimmerdecke mit wunderbarer Wendigkeit und unfehlbarer Sicherheit herumläuft.

Ein besonderes Charakteristikum der Geckos ist, dass sie stimmbegabt sind und Kehlkopflaute ausstoßen können. Brehm berichtet, dass Geckos mit Einbruch der Nacht ihre Jagdtätigkeit »gewöhnlich durch ein lautes oder doch wohl vernehmliches, kurzes Geschrei anzeigen, das durch die Silben *jecko* oder *toki* ungefähr wiedergegeben werden kann«.

Mauergeckos sind weitgehend nachtaktiv, sonnen sich aber auch tagsüber auf Mauern. Sie sind Kulturfolger, die oft Mauern in Dörfern und kleinen Städten besiedeln. In all den Jahren, die ich in Häusern am Mittelmeer verbrachte, habe ich mich an diesen Tieren stets erfreut, an ihrem Zirpen, an ihren nickenden Kopfbewegungen und ihrem Lauf, der ans Fabelhafte grenzt.

Europäisches Chamäleon
Chamaleo Chamaleon

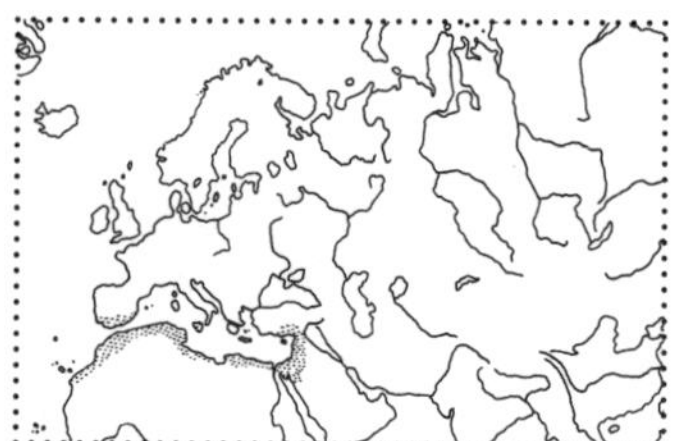

Common chameleon
Caméléon commun

So bizarr sieht das Chamäleon aus, dass es sich einem für immer einprägt. Der Kopf ist pyramidenförmig erhoben und erinnert an einen Helm. Hals und Körper sind seltsam kantig und eckig, die Füße lang, die fünf Zehen pro Fuß zu zweien und zu dreien gebündelt, sodass sie eine Art Zange bilden. Auch der lange Schwanz, der schneckenförmig zusammengerollt werden kann, ist ein fantastisches Greifwerkzeug. Aber das Bemerkenswerteste sind, neben der Zunge, die von Längsmuskeln wie eine Spiralfeder im Maul gehalten wird, die Augen. Sie werden von starken Lidern kapselförmig umschlossen und lassen nur eine kleine, runde Öffnung frei. Beide Augen sind in ihren Bewegungen völlig unabhängig, so dass das eine nach vorne und nach oben und das andere nach unten und rückwärts blicken kann. Brehm meint, es sei »denkbar, dass die eigentümliche Gestalt, der langsame, gravitätische Gang und das ernsthafte Aussehen die Griechen veranlasste, dem Chamäleon seinen hübschen Namen ›Kleinlöwe‹ oder ›Erdlöwe‹ zu geben«.

Von allen Reptilien sind die Chamäleons am ausgeprägtesten zum physiologischen Farbwechsel befähigt. Die Körperfarben variieren enorm. Auch unterschiedlichste Zwischentöne können auftreten.

Das Europäische Chamäleon kommt im gesamten Mittelmeerraum vor. Fortpflanzungszeit ist Spätsommer und Herbst. Rund zwei Monate nach der Paarung legen die Weibchen bis zu 30 Eier in ein von ihnen gegrabenes Loch. Erst im darauffolgenden Sommer schlüpfen die Jungen.

Federbuschbasilisk
Basiliscus plumifrons

Plumed basilisk

Basilic à plumes

Der Federbuschbasilisk ist ein Exot und bewohnt ausschließlich die Ufer der Bäche und Flüsse der feuchtwarmen, tropischen Regenwälder in Mittelamerika. Er kann eine Länge von bis zu 70 Zentimeter erlangen. Die Männchen dieser prächtigen Echsenart haben einen helmartigen Auswuchs auf der Stirn und einen bis zu 6 Zentimeter hohen, von Knochenleisten gestützten Rückenkamm, der sich nach einer Einbuchtung äußerst zackig auf dem Schwanz fortsetzt. Der Rücken ist von einem leuchtenden Neongrün, der Bauch gelblich, die Körperseiten mit bläulichen Flecken gesprenkelt, der Schwanz dunkel geringelt. Sein Auge mit goldgelber Iris ist so durchdringend, dass es von älteren Autoren, wenn sie von Basilisken sprachen, mit dem ›bösen Auge‹ eines mit übernatürlichen Kräften begabten Scheusals gleichgesetzt wurde. Aber das gehört in das Reich der Legenden und Märchen.

Der Federbuschbasilisk ist scheu. Er ernährt sich von Insekten, kleinen Echsen und Fischen. Er ist ein vorzüglicher Schwimmer, der in schräg aufragender Haltung auch mit großer Geschwindigkeit über die Wasseroberfläche laufen kann. Er pflanzt sich durch Eier fort. Ein Gelege kann aus 10 bis 15 Eiern bestehen; die Jungen schlüpfen nach rund 60 Tagen aus.

Wer ihn einmal gesehen hat, wird seine muntere, tiefgrüne, an einen mittelalterlichen Drachen gemahnende Erscheinung nie mehr vergessen können.

Grüner Leguan
Iguana iguana

Green iguana

Iguane vert

Der Grüne Leguan ist schon durch seine Größe – er kann bis zu 2,2 Meter lang werden – eine auffallende Erscheinung. Wie für andere Leguane auch sind für ihn Hautfortsätze typisch, so ein stark entwickelter Kehllappen und ein bis zu 8 Zentimeter hoher Rückenkamm, der vom Hinterkopf hinab bis über den Schwanz verläuft. Die Färbung der Körperoberseite ist blattgrün, die Bauchseite etwas heller und wie die Beine gestreift.

In seiner feuchtheißen Heimat, dem südlichen Mexiko und Mittelamerika bis hin nach Brasilien und Bolivien, lebt er vorwiegend auf Bäumen oder in der Nähe von Sümpfen. Er ist eine tagaktive Echse, die sich fast ausschließlich von Beeren, Früchten und Blättern ernährt. Er ist ein geschickter Schwimmer und Taucher. Bei Gefahr oder im Kampf mit Rivalen um ein Weibchen bläst er den Kehlsack auf, zischt und faucht, springt den Gegner an und kann mit seinem Schwanz schmerzhafte Schläge austeilen.

Seine Feinde sind neben Raubkatzen vor allem die Menschen, die das Fleisch und die Eier des Grünen Leguans als Delikatesse betrachten. Oft landet er in Mexiko auf der Tafel reicher Leute.

Der Grüne Leguan hat eine ganze Reihe hübscher Verwandter. Herrlich ist der viel kleinere Fidschileguan, dessen grüner Rücken hellblau gestreift ist, und der uns mit gelben Nasenringen irritiert.

Hardun
Agama stellio

Star lizard

Stellion

Der Hardun oder Schleuderschwanz gehört zur Gattung der Agamen, die sich durch einen flachen, fast dreieckigen Kopf, einen kräftigen leicht abgeflachten Rumpf, verhältnismäßig lange Beine und einen rundlichen Schwanz auszeichnen. Der Hardun ist nun nicht der Schönste unter den vielen Agama-Arten. Sein Leib ist besonders kräftig, der Schwanz mit sehr stacheligen Schuppen bekleidet, die Färbung neigt vom Braungelben bis zum Schwärzlichgrauen. Das Tier erreicht eine Länge von 28 Zentimetern.

In Europa kommt der Schleuderschwanz in der europäischen Türkei und auf einigen Inseln des Ägäischen Meeres vor. Wegen seines dunklen, stachelbewehrten Aussehens nennen ihn die Bewohner von Paros, Naxos und Mykonos noch heute ›Krokodilos‹ oder ›Korkodilos‹, wie zu den Zeiten Herodots – oder zu den Zeiten des Reiseschriftstellers Joseph Pitton de Tournefort, der im Auftrag des Königs die Levante im Jahr 1700 bereiste und ›Coscordinos‹ auf Delos beschrieb. Auf Mykonos soll das Tier, so berichtet Alfred Brehm, die früher betriebene Bienenzucht »durch regelrechte Ausrottung der Immen unmöglich gemacht haben«.

Die Nahrung des Schleuderschwanzes besteht hauptsächlich aus größeren Kerbtieren. Hardune paaren sich im Frühjahr. Im Juni werden bis zu 10 Eier abgelegt, zwei Monate später schlüpfen die 4 Zentimeter langen Jungen. Im östlichen Nordafrika und in Ägypten wird er, wie alle größeren Echsen, von Schlangenbeschwörern gefangen und auf Marktplätzen öffentlich zur Schau gestellt.

Nilwaran
Varanus niloticus

Nile monitor

Varan du Nil

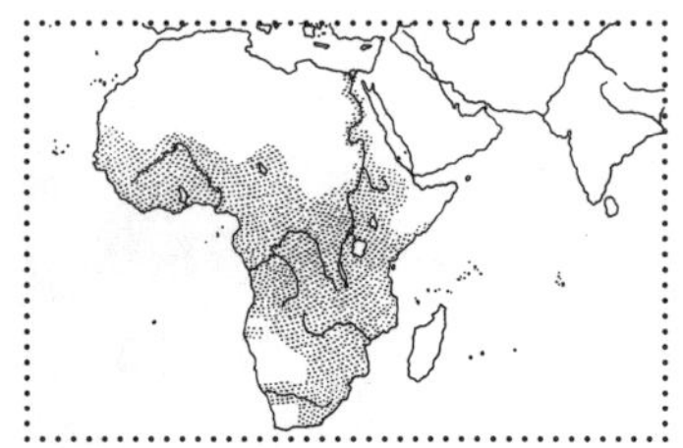

Der Nilwaran ist die größte Eidechse Ägyptens und ganz Afrikas. Nur der Komodowaran ist noch größer als er. Ein ausgewachsener Nilwaran kann eine Länge von fast 2 Metern erreichen, wovon der schwarz und gelb gebänderte Schwanz weit mehr als die Hälfte einnimmt. Die Grundfarbe ist ein schlammiges, eher dunkles Beige, aufgeheitert durch gelbe und schwarze Tupfen und in Querreihen angeordneten weißen Flecken. Besonders häufig kommt er im Niltal zwischen Assuan und Qena und am Nassersee vor, ist aber in allen afrikanischen Flussgebieten heimisch.

Der Waran ist ein exzellenter Schwimmer und Taucher. Mit dem abgeflachten Schwanz macht er wellenförmige Bewegungen und schießt, die Gliedmaße eng an den Körper gepresst, wie ein Torpedo durchs Wasser. Er frisst Frösche, Vögel, Fische, kleine Schildkröten, Krokodileier und auch junge Krokodile. Auf den Reliefs der alten ägyptischen Tempel taucht er nur selten auf. Forscher vermuten, dass die Ägypter in der pharaonischen Zeit beobachtet haben, dass der Waran ihre Gottheit, das Krokodil, verzehrte. Deshalb haben sie ihm keinen Platz auf ihren Denkmälern eingeräumt. Nilwarane gelten als raubsüchtig und äußerst zäh. Trutnau berichtet, dass die Weibchen ihre Eier, oft 40 bis 60 an der Zahl, am liebsten in Termitenhaufen ablegen. Die Termiten würden die ausgehöhlte Stelle wieder schließen, sodass die Eier wohlgeschützt wie in einem Nest lägen. Nach 9 bis 10 Monaten schlüpfen die Jungwarane und streben sofort dem Wasser zu.

Feuersalamander
Salamandra salamandra

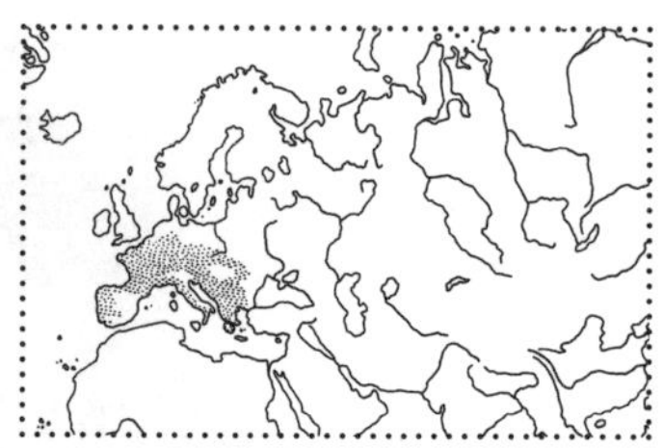

Fire salamander

Salamandre tachetée

Salamander gehören zur Familie der Lurche, genauer: zur Familie der Schwanzlurche, die keine trockene, geschuppte, sondern eine glatte, feuchte, ja schleimige Haut haben. Im strengen Sinne hat daher ein Feuersalamander in einem Buch über Eidechsen nichts zu suchen. Doch gehört er, jenseits von allen wissenschaftlichen Einteilungen, in unserer Vorstellung so stark zur ›Welt der Eidechsen‹, dass wir ihn hier einfach aufnehmen müssen. Kinder machen es so und die älteren Forscher haben bis weit in das 19. Jahrhundert hinein Kriechtiere und Lurche als Mitglieder ein und derselben Klasse betrachtet.

Der Feuersalamander ist das Urbild der nach ihm benannten Gattung. Seine Heimat ist ganz West-, Mittel- und Südeuropa bis hin nach Kleinasien. Er erreicht eine Länge von maximal 24 Zentimetern und ist auf glänzend schwarzem Grund mit prachtvoll goldgelben Flecken gezeichnet, die hier und da auf dem Schwanz zusammenfließen. Der Körper ist ziemlich plump. Den Schwanz hat Brehm mit dem schönen Wort »drehrund« bezeichnet. Die Vorderfüße tragen vier, die Hinterfüße fünf freie Zehen. Er ist nachtaktiv. Wie alle Lurche ist er auf Feuchtigkeit angewiesen. Unter Einwirkung der Sonne wird er langsam und schwerfällig.

Die Paarung erfolgt im Wasser, wohin das Männchen das auf seinem Rücken liegende Weibchen schleppt. Sie nimmt dann winzige kegelförmige Samenpakete auf, die vom Männchen abgegeben werden, und ist lebendiggebärend.

Grottenolm

Proteus anguinus

Olm

Protée anguillard

Der Grottenolm wurde im Jahre 1768 von dem bedeutenden Biologen Joseph Nicolaus Laurenti entdeckt und zum ersten Mal wissenschaftlich beschrieben. Er ist ein höchst seltenes und merkwürdiges Tier, das die Fantasie der Zoologen, aber auch der Schriftsteller und Künstler immer wieder beflügelt hat. Er lebt in den Menschen meist unzugänglichen unterirdischen Karstgewässern Sloweniens und Dalmatiens.

In früheren Zeiten wurde er, der zur Familie der Schwanzlurche gehört, aufgrund seines Äußeren tatsächlich für ein Drachenjunges gehalten. Wegen seiner durchsichtigen hautähnlichen Farbe wird er in kroatischer, slowenischer und serbischer Sprache auch ›Menschenfischlein‹ genannt. Mit seinen sehr dünnen und reduzierten Gliedmaßen – an den Vorderbeinen befinden sich nur je drei Finger, an den Hinterbeinen je zwei Zehen – und den unter der Körperhaut verborgenen, nichtsnutzigen Augen erinnert der Grottenolm an eine bis zu 30 Zentimeter lange Larve. Die Weibchen erreichen die Geschlechtsreife erst nach 15 bis 16 Jahren und legen dann, in sehr großen Abständen, 35 bis 40 Eier ab. Mit über 70 Jahren Lebenserwartung kann der Grottenolm um ein Vielfaches älter werden als seine amphibischen Verwandten. Sein einziger Feind ist die Sonne.

Abbildungs-verzeichnis

Seite 89 *Waldboden mit Echse, Schlange und Schmetterling*. Otto Marseus van Schrieck, 1665.

Seite 91 *Tropidurus*. Maria Sibylla Merian (1647–1717).

Seite 93 *Ohne Titel*, © Max Neumann, 2017, 20 × 20 cm, Mischtechnik auf Papier.

Seite 94 *Bill the Lizard*, Sir John Tenniel, Illustration eines *Alice in Wonderland*-Spielkartensets von 1898.

Seite 98 *Insekten und Reptilien*. Jan van Kessel, aus: *Die Menagerie der Medusa*, um 1660.

Seite 102 *Blumenstillleben mit Eidechse*. Jan Baptist van Fornenburg. Westfälisches Landesmuseum Münster, 17. Jahrhundert.

Seite 104 *Grüne Eidechse*. Versuch mit Röntgen-Strahlen, Eduard Valenta, 1896.

Seiten 109–129 Illustrationen von Falk Nordmann, Berlin 2019.

Literatur

Augustinus: ***Vom Gottesstaat,*** deutsch von Carl Johann Perl, Salzburg 1951.

Ingeborg Bachmann: ***»Erklär mir Liebe«,*** in: ***Sämtliche Gedichte,*** München 1982.

Alfred Brehm: ***Brehms Tierleben,*** Siebenter Band: »Die Kriechtiere und Lurche«, Leipzig 1892.

Petri Belloni Cenomani: ***De Aquatilibus,*** Paris 1552.

Jacob de Bondt: ***Historiae naturalis et medicae Indiae orientalis,*** Amsterdam 1658.

S. M. Baha el-Din: ***A Guide to the Reptiles and Amphibians of Egypt,*** Kairo 2006.

Anna Maria Carpi: ***Entweder bin ich unsterblich. Gedichte,*** übersetzt von Piero Salabè, München 2015.

Richard Dove: ***»Auf ihrem Weg hierher«,*** in: ***Straßenbahn, Hiroshima. Gedichte,*** Aachen 2011.

Christoph Geiser: ***»Die Vergrämung der Eidechsen«,*** in: Sprache im technischen Zeitalter, Nr. 223, 09/2017.

Arthur Henkel, Albrecht Schöne (Hg.): ***EMBLEMATA, Handbuch zur Sinnbildkunst des XVI. und XVII. Jahrhunderts,*** Stuttgart 1978.

Jerry Hopkins: ***Jim Morrison. Der König der Eidechsen,*** übers. von Manfred Ohl und Hans Sartorius, München 1993.

Ulrich Joger, Jochen Luckhardt, (Hg.): ***Schlangen und Drachen, Kunst und Natur,*** Braunschweig 2007.

Bernhard Kegel: ***Ausgestorben, um zu bleiben. Dinosaurier und ihre Nachfahren,*** Köln 2018.

Gertud Kolmar: ***»Salamander«,*** in: ***Das lyrische Werk,*** hrsg. von Regina Nörtemann, Göttingen 2003.

Curt Kuhl: ***Die drei Männer im Feuer (Daniel Kapitel 3 und seine Zusätze),*** Gießen 1930.

Eva Meijer: ***Die Sprachen der Tiere,*** übers. von Christian Welzbacher, Berlin 2018.

W. J. T. Mitchell: ***The Last Dinosaur Book,*** Chicago 1998.

Mittelalterliches Handbuch: ***Rechter Gebrauch d'Alchimei,*** o. A.

Eugenio Montale: in: ***Glorie des Mittags,*** übersetzt von Herbert Frenzel, München 1960.

Ovid: ***Metamorphosen,*** übersetzt von Gerhard Fink, Mannheim 2007.

Joseph Pittou de Tournefort: ***Relation d'un Voyage du Levant, fait par ordre du Roi (...),*** hier übersetzt von Joachim Sartorius, Lyon 1717.

Plinius der Ältere: ***Naturalis historia / Naturgeschichte,*** hg. u. übers. von Marion Giebel, Stuttgart 2005.

Alexander Roob: ***Das hermetische Kabinett. Alchemie & Mystik,*** Köln 2005.

Claudia Schnieper (Text), Max Meier (Fotografien): ***Eidechsen,*** Luzern 1988.

Gero Seelig (Hrsg.): ***Die Menagerie der Medusa. Otto Marseus van Schrieck und die Gelehrten,*** Schwerin 2017.

Pamela H. Smith: ***The Business of Alchemy. Science and Culture in the Holy Roman Empire,*** Princeton 1994.

Pamela H. Smith: ***The History of Science: Snakes, Lizards and Manuscripts,*** Vortrag a. d. Columbia University 2013.

Paul Starosta: ***Die Eidechse,*** Esslingen 2009.

Ludwig Trutnau: ***Krokodile und Echsen,*** Zürich 1986.

Giorgio Vasari: ***Die Lebensgeschichte des umfassendsten Genies der Renaissance. Das Leben des Leonardo da Vinci,*** übersetzt von Schorn und Försters, Stuttgart 1910.

Jan Wagner: ***»grottenolm«,*** in: **ders.,** ***Regentonnenvariationen.*** Hanser Berlin im Carl Hanser Verlag, München 2014, S. 73 f. Mit freundlicher Genehmigung von Hanser Berlin. © Hanser Berlin im Carl Hanser Verlag München 2014.

Tennessee Williams: ***Die Nacht des Leguan, Porträt einer Madonna und vier weitere Einakter,*** übersetzt von Franz Hoellering und Hans Sahl, Frankfurt 1963.

Dank

Für dieses Buch fing ich an, Materialien zu sammeln, bevor ich überhaupt wusste, dass ich es schreiben werde. Meine allererste Gesprächspartnerin war Sibylle Kaldewey, die mich mit wertvollen Fundstücken, Bildern und eigenen Fotos versorgte. Kundigen Rat und Bildhinweise gaben mir auch Martin Assig, Verena Auffermann, Gerhard Falkner, Thomas Geiger, Esther Krättli, Max Neumann und Angelika Overath. Durs Grünbein bot mir Einsicht in seinen noch unveröffentlichten Text über Geckos. Ihnen allen sage ich von Herzen Dank, ganz besonders aber Karin Graf. Als meine Arbeit an diesem Buch stockte, schenkte sie mir ein altes Handamulett, eine stark stilisierte silberne Fatima-Hand, auf die ein Eidechsenrelief aufgenietet war. Diese Amulette sind vor allem in den großen Städten Marokkos beliebt gewesen. Sie werden ›luha‹ genannt und gelten als Glücksbringer. Ich lehnte das Handamulett gegen einen Bücherstapel auf meinem Schreibtisch. Es half, ich fuhr zu schreiben fort.

Joachim Sartorius, geboren 1946 in Fürth, wuchs in Tunis auf und lebt heute in Berlin und Syrakus. Er veröffentlichte acht Gedichtbände, zuletzt *Für nichts und wieder alles* (2016), zahlreiche in Zusammenarbeit mit bildenden Künstlern entstandene Bücher und die Reiseerzählungen *Die Prinzeninseln* (2009) und *Mein Zypern* (2013). Er ist Herausgeber der Werkausgaben von Malcolm Lowry und William Carlos Williams sowie mehrerer Anthologien. Er ist Mitglied der Deutschen Akademie für Sprache und Dichtung.

NATURKUNDEN № 55
Erste Auflage Berlin 2019

NATURKUNDEN
herausgegeben von Judith Schalansky
erscheinen bei Matthes & Seitz Berlin
ermöglicht durch Jan Szlovak, Hamburg

MSB Matthes & Seitz Berlin Verlagsgesellschaft mbH
Göhrener Straße 7, 10437 Berlin
info@matthes-seitz-berlin.de
info@naturkunden.de

EINBAND UND TYPOGRAFIE Pauline Altmann, Berlin
nach einem Entwurf von Judith Schalansky
TITELILLUSTRATION Pauline Altmann, Berlin
SCHRIFT Ingeborg von Michael Hochleitner/Typejockeys
LITHOGRAFIE Tomas Mrazauskas, Berlin
HERSTELLUNG UND SATZ Hermann Zanier, Berlin
PAPIER 100 g/m² Fly 04 hochweiß, 1,2-faches Volumen
EINBANDMATERIAL Napura® Khepera von
Winter & Company GmbH, Lörrach
DRUCK UND BINDUNG Pustet, Regensburg

ISBN 978-3-95757-791-7

www.naturkunden.de
www.matthes-seitz-berlin.de